Hans Bürkle

Karrierestrategie und Bewerbungstraining für den erfahrenen Ingenieur

Springer
Berlin
Heidelberg
New York
Barcelona
Hongkong
London
Mailand
Paris
Singapur
Tokio

Hans Bürkle

Karrierestrategie und Bewerbungstraining für den erfahrenen Ingenieur

26 Abbildungen
43 Muster

 Springer

Dipl.-Kfm. Hans Bürkle
Bürkle Strategie-Beratung

Hinter Saal 21
D-55283 Nierstein
Fon (06133) 6 10 46
Fax (06133) 54 72
Homepage: www.karriereplus.com
e-mail: buerkle@karriereplus.com

ISBN 3-540-65427-5 Springer Verlag Berlin Heidelberg New York

Die Deutsche Bibliothek – CIP-Einheitsaufnahme
Bürkle, Hans:
Karrierestrategie und Bewerbungsstrategie für den erfahrenen Ingenieur / Hans Bürkle. - Berlin ;
Heidelberg ; New York ; Barcelona ; Budapest ; Hongkong ; London ; Mailand ; Paris ; Singapur ;
Tokio : Springer, 1999
ISBN 3-540-65427-5

Einbandgestaltung: Struve & Partner, Heidelberg
Satz: MEDIO, Berlin

SPIN: 10692265   07/3020 - 5 4 3 2 1 0 - Gedruckt auf säurefreiem Papier

Vorwort

Warum brauchen Sie eine Karriere-Strategie? Für junge Ingenieure, für Absolventen von Fachhochschulen und Universitäten, mangelt es nicht an Ratgebern für den Einstieg ins Berufsleben und guten Tips für deren Karriereplanung. Doch wie sieht es mit Ratgebern aus für Ingenieure ab 40, die bereits Berufserfahrung haben oder hatten und nun eine neue Perspektive suchen oder gar suchen müssen? Für sie sind gute und brauchbare Konzepte nur selten zu finden.

Gehören Sie auch zu den Ingenieuren oder Ingenieurinnen 'in den besten Jahren' und befinden Sie sich in einer der folgenden Situationen?

- Sie fühlen sich in Ihrer derzeitigen Situation unterfordert und suchen nach einem Weg, mehr Verantwortung und neue Aufgaben zu übernehmen
- Sie fühlen sich in der jetzigen Position unwohl und möchten innerhalb des Unternehmens oder durch Wechsel zu einem anderen Unternehmen weiterkommen
- Sie haben bei Ihrem derzeitigen Arbeitgeber keine Aufstiegschancen, da alle Führungspositionen in fester Hand zu sein scheinen oder durch Familienangehörige des Inhabers besetzt sind
- Sie spielen mit dem Gedanken, sich selbständig zu machen, sei es in einem Outsourcing-Verfahren (mit Unterstützung Ihres Arbeitgebers), eines MBI (Management Buy In) oder um Ihre beruflichen Stärken besser verwirklichen zu können

- Sie haben derzeit keine feste Anstellung, da Sie Ihre Position verloren haben
- Sie wollen als Mutter/Erzieherin wieder neu als Ingenieurin in den Beruf starten
- Neue Eigentümer/Hauptaktionäre beherrschen seit kurzem Ihr Unternehmen und Sie fürchten die Neubesetzung aller Leitungsfunktionen
- Sie waren im Ausland tätig, und das entsendende Unternehmen bietet Ihnen keine Inlandsaufgabe mehr an
- Sie sind über 50 Jahre jung, sehen jedoch keine Positionsalternativen.

Dieses Buch macht Ihnen Mut, diese Themen zu bewältigen und Ihre Berufsentwicklung aktiv und erfolgreich zu gestalten. Es zeigt, daß es die verschiedenartigsten Lösungen gibt, für sich den richtigen Arbeitsplatz zu finden und die Karriere weiter aufzubauen. Keiner kann sich in der sich wandelnden Berufslandschaft der Ingenieure auf einen sicheren Arbeitsplatz verlassen. Aber jeder kann für sich selbst, für seine Employability, die Beschäftigungschancen sorgen.

Entscheidend für die Berufsplanung ist es, alle Möglichkeiten, die der Arbeitsmarkt bietet, zu nutzen. Darüber hinaus ist es wichtig, die (Spiel-) Regeln für eine erfolgreiche Bewerbung zu kennen: Von A wie Arbeitsamt über I wie Internet bis Z wie Zeugnis liefert Ihnen dieses Buch konkrete Hinweise für die erfolgreiche Berufsplanung und für eine optimale Bewerbungsstrategie.

Hans Bürkle

Auch wenn in diesem Buch meist lediglich die männliche Sprachform benutzt wird, sind stets männliche und weibliche Personen gemeint. Eine sprachlich überzeugendere oder lesefreundlichere Alternative ist uns noch nicht eingefallen. Hinweis zu den Fallbeispielen: Alle Namen der Personen oder Firmen sind geändert oder rein zufällig.

Inhalt

Einleitung

Der Ingenieurberuf im Wandel

Nach einer VDI-Studie von 1989 waren 42 % der Ingenieure im klassischen Bereich der Konstruktion, Entwicklung und Forschung tätig. 1993 waren es nur 23 %. Der Ingenieurberuf hat sich in den letzten Jahren stark verändert. Neue Berufsfelder und technische Dienstleistungen, wie Service, Wartung und Beratung, gewinnen mehr und mehr an Bedeutung. In dem Maße wie sich die Anforderungen in den Berufen verändern, wandeln sich die Arbeitsplätze und damit die Chancen für erfahrene Ingenieure.

Die Ingenieur-Ausbildung erschließt mittlerweile immer stärker andere Tätigkeitsfelder. Waren z.B. die Verfahrenstechniker aus dem Chemie-Ingenieurwesen früher hauptsächlich in den klassischen Arbeitsfeldern in der chemischen Industrie tätig, so finden sie heute verstärkt ihren Einsatz in der Lebensmittelindustrie, in der Medizintechnik, der Biotechnik, der Gentechnik, der Entsorgung, Pharmazie u.a. Die Umwelt-Ingenieure haben nicht nur eine zunehmende Bedeutung im Entsorgungsbereich, sondern auch in der Vorsorge, der Analyse, sowohl bei kleinen Ingenieurbüros und auch in großen Firmen.

Die beruflichen Aufgabenfelder werden immer komplexer und damit tauchen immer wieder neue Karrierechancen für Ingenieure auf. Der erfahrene Ingenieur wird seine Chancen zwar in der fachlichen Vertiefung suchen, er wird jedoch eher mehr verdienen, wenn er seine Führungsfähigkeiten ausbaut. Immer mehr Ingenieure drängen in die Führungsetagen. Führungsqualität zu verbessern bedeutet jedoch, daß neben den rein fachlichen Kompetenzen verstärkt Marketing, Strategie- und Planungskompetenzen und Soft Skills (Arbeits- und Führungstechniken) aufgebaut werden.

So können wir die Zukunftschancen für Ingenieure in drei Feldern sehen.
1. Neue Fachgebiete entwickeln sich in Industrie und Dienstleistung

2. Neue Führungs- und Kommunikationstechniken stehen zur
   Verfügung
3. Neue Einstellung zum Beruf ist angesagt: selbst aktiv seine
   Karriere gestalten, statt zu reagieren – Change Agent in eigener
   Sache werden.

Das fachliche Wissen und Können à jour zu halten, dürfte für den
Ingenieur selbstverständlich sein. Arbeits- und Führungstechniken
können in Seminaren oder durch Weiterbildung im Unternehmen
erlernt und entwickelt werden.

Neu ist für viele die Forderung nach Änderung der beruflichen
Einstellung, nämlich der Entwicklung unternehmerischer Qualitä-
ten. Dabei ist ein Umdenken, eine neue Sichtweise für den erfahrenen Ingenieur notwendig. Möchte er zum Unternehmer (Change
Agent) in eigener Sache werden, muß er für seine berufliche Situation und seine berufliche Entwicklung „Marketing und Strategie"
betreiben.

Dies läßt sich am besten verstehen, wenn man es mit der Vermarktung eines Produktes vergleicht. Ein Produkt, eine Ware, bestehend aus
Materie, Form und Funktion, wird erst dann erfolgreich am Markt
sein, wenn es gelingt, dieses Produkt an den Bedürfnissen der Verbrau-
cher und Nutzer zu orientieren. Darüber hinaus muß es mit der entsprechenden Marketingstrategie, unter Beachtung von Wirtschaftlich-
keit, Kundenmotivation und dem entsprechenden Management der
Finanzen und der Informationen ausgestattet sein (siehe *Abb. 1*).

Dieses Bild läßt sich auch auf die Ingenieure übertragen. Wollen
Sie Erfolg haben, so müssen Sie heute mehr bieten als nur rein fachliche Kompetenz. Sie müssen Soft Skills mit anbieten können. Hierzu
gehören neben Führungserfahrung im Umgang mit Mitarbeitern
auch Kompetenz darin, Entscheidungsprozesse zu lenken und zu
steuern, Entscheidungen um- und durchzusetzen, die Fähigkeit zu
Teamarbeit, das Nutzen und Steuern von Informationen für die
Öffentlichkeit usw. Das Beherrschen und der Einsatz von PC und
modernen Kommunikationsmitteln stellt dabei für den Ingenieur
wohl kein Problem dar.

Darüber hinaus sollte der Ingenieur in seiner Unternehmereigen- 3
schaft den Wandel nicht nur mit- oder nachvollziehen, sondern
selbst gestalten. Sei es in seiner Abteilung, seinem Geschäftsbereich
oder als Mitglied seines Verbandes. Der Begriff Change Agent (oder

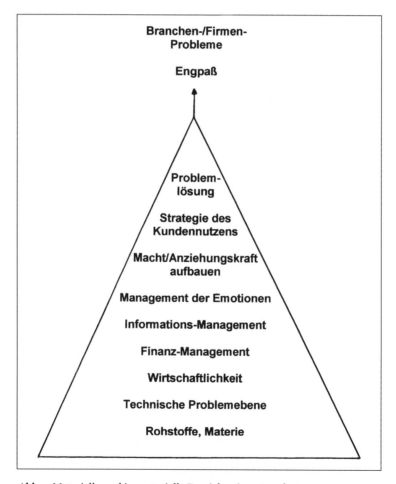

Abb. 1 Materielle und immaterielle Bereiche eines Angebotes

4

Change Manager), wie er für Unternehmen schon geläufig ist, bedeutet für den erfahrenen Ingenieur, sich stärker für den Wandel einzusetzen, ihn sogar zu fördern und dabei selbstverständlich in seiner Karriereentwicklung zu profitieren.

In der Rolle des Change Agent bleibt kein Spielraum mehr für ein passives Angestelltendasein und zu warten, bis 'Order vom Chef' kommt. Eine aktive Berufseinstellung ist dabei gefordert.

Dasselbe gilt für die Bewerbungsstrategie, die in diesem Buch beschrieben wird: warten Sie nicht, bis sich ein Unternehmen bei Ihnen meldet, sondern wenn notwendig, gehen Sie aktiv an den Arbeitsmarkt, auch an den verdeckten, heran. Das ist das Motto.

So unterstützt dieses Buch den erfahrenen Ingenieur vor allem in zwei aktiven Rollen: Einmal darin, Change Agent in seinem Unternehmen oder seiner Branche zu werden, und zudem in der Rolle des Bewerbers, der aktiv an den Arbeitsmarkt herangeht. Mit der hier beschriebenen aktiven Karriere- und Bewerbungsstrategie können Sie Ihren beruflichen Erfolg nicht mehr verhindern.

1. Change Management für die Karriere

Eine Vielzahl erfahrener Ingenieure haben sich in den letzten Jahren mit dem Thema Change Management vertraut gemacht. Sie haben Arbeitsprozesse in Unternehmen neu gestaltet und verbessert, Kosten gesenkt und Erträge gesteigert. Sie haben etwas verändert. Change Management steht jedoch nicht nur für die Verbesserung von Unternehmenszielen, Produkten, Arbeitsabläufen und Unternehmensorganisationen, sondern genau so im übertragenen Sinne für die Verbesserung der eigenen Karriere von Ingenieuren.

Change Management ist Zukunftsorientierung und dient damit der Existenzsicherung. Für die Unternehmen wie für den einzelnen Menschen ist die Ausrichtung auf den Wandel nötig.

Im Rahmen des Change Management werden Fähigkeiten, Strukturen, Prozesse und Umgebungen hinterfragt, Problemlösungen verbessert, um sich neu oder besser im Wettbewerb positionieren zu können. Change Management bedeutet, sich auf den Wandel nicht nur einzustellen, sondern ihn möglichst mitzuprägen und zu gestalten.

Die geistige Haltung – einmal einen Beruf gelernt und diesen ein Leben lang nach gleichem Muster auszuführen – ist mittelalterlich. Die Verbleibzyklen auf Managementpositionen werden immer kürzer und künftig werden Dauerpositionen mehr und mehr zugunsten von zeitlich befristeten Arbeitsplätzen in Projekten abgebaut.

Wie sehen die Problemstellungen für Ingenieure heute aus? (vgl. Babst 1998)

– Ihre Chance, den Arbeitsplatz zu erhalten, sinken in 'herkömmlichen' Industrie und in unrentablen Unternehmen.
– In Unternehmen mit immer noch während Personalabbau und Kostenschneiderei sinkt das Vertrauen in die Führung.
– Vertrauenskonflikte im Betrieb lähmen die Zusammenarbeit, Kreativität und Produktivität und fördern das Ausscheiden der guten Ingenieure.
– Schon in mittlerem Alter beginnen sich bei etlichen Führungskräften Resignation und Desinteresse auszubreiten.

- Der schon etablierte Ingenieur sucht – wie im Sport auch – ein faires Fortkommen im Unternehmen, hat jedoch vermehrt mit Widerständen zu kämpfen.
- Führungskräfte werden verstärkt unter Arbeitsdruck gesetzt, statt sich um strategische und Angelegenheiten in der Personalentwicklung kümmern zu können.
- Zukunftschancen, Marktnischenorientierung und Geschäftsstrategien werden nicht gemeinsam erarbeitet, entwickelt oder gar diskutiert, sondern den Mitarbeitern als Vorgabe präsentiert. Damit sinkt deren Motivation.

Der erfahrene Ingenieur weiß, daß die Planbarkeit der Produkte und Märkte abnimmt und in den Unternehmen mehr Selbstorganisation statt stark strukturierter Organisation und straffe Hierarchien gefragt sind. Die produzierenden Unternehmen werden zu lernenden Organisationen ausgebaut, sie werden mehr und mehr zu Dienstleistern am Kunden. Change Management im ganzheitlichen, evolutionären Sinne führt zu Wettbewerbsvorteilen im Wandel der Märkte.

Der Change Agent ist gefragt. Der heute 45- oder 52-jährige Ingenieur will oder muß noch zehn oder zwanzig Jahre arbeiten. Vor diesem Hintergrund lohnt es sich, in die Rolle des eigenen Change Agent zu schlüpfen und seine berufliche Zukunft bzw. Karriere aktiv zu steuern, bevor die äußeren Gegebenheiten zu inneren und später zur offiziellen Kündigung führen.

Change Agent wird man nicht von heute auf morgen, sondern in einer bestimmten Schrittfolge und mit einer unternehmerischen Denkweise. Über mehrere Stufen hinweg, beginnend mit einem eindeutigen Erfolg in der jetzigen Position, können Sie zum unentbehrlichen Mitarbeiter und Change Manager werden. Diese stufenweise Entwicklung wird durch nachfolgende Beispiele analog zum nächsten Schaubild *(Abb. 2)* aufgezeigt.

Es gibt sicherlich manche Ingenieure, die sich mit dem bisher Erreichten zufrieden geben. Sie wünschen keine größeren Veränderungen wie Firmen- oder Ortswechsel. Diese Ingenieure werden bei notwendigen Veränderungen im Berufsleben, durch Kündigung,

Betriebsschließung oder Umsiedlung nur kleine, notgedrungen evtl. größere Reparaturen an Ihrer Karriere vornehmen.

Andere bemühen sich um stetige Weiterbildung, damit sie für ihr Unternehmen unentbehrlich werden oder bleiben und betreiben sozusagen ‚Karriere-Maintenance‘. Sie betrachten ihre berufliche Situation als stabil.

Doch die meisten Ingenieure ab 40 streben nach mehr Verantwortung und interessanteren Aufgaben. Sie sind motiviert, weiter an sich zu arbeiten, sich stetig weiterzubilden, nicht nur fachlich, sondern auch mittels neuer Management-Techniken. Sie möchten ihre Fähigkeiten und Stärken nutzbringend einsetzen. Damit wollen sie

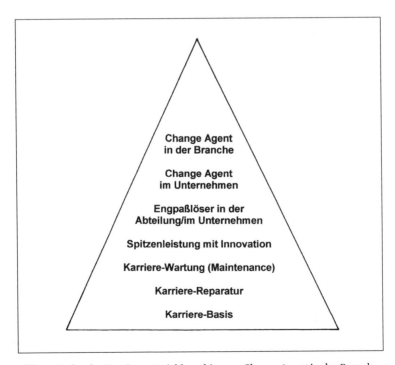

Abb. 2 Stufen der Karriereentwicklung bis zum Change Agent in der Branche

8

Engpässe in ihrem Arbeitsbereich lösen, Innovationen und Spitzenleistungen entwickeln.

Change Agent im Unternehmen sein heißt, mit Ihrem Wissen
und Erfahrung, Engpässe und Chancen zu erkennen und zu lösen
bzw. zu nutzen. Damit werden Sie zu der Führungskraft, die in der
Lage ist, unternehmerisch zu denken. Statt nur auf Probleme und
Engpässe zu reagieren, erkennen Sie zukünftige Engpässe und
Geschäftschancen für das Unternehmen und seinen Markt früher
als andere. Mit Ihrem Gespür für kommende Trends leiten Sie aktiv
den Wandel für das Unternehmen (oder einen Unternehmensbereich) ein und sichern somit langfristig den Erfolg.

Change Agent in der Branche zu werden ist nicht unbedingt an
eine Topmanagementfunktion gekoppelt. Auch Forscher können
z.B. mit einem Patent branchenweite Veränderungen herbeiführen.
Gemeinsam ist beiden – Forschern oder Managern -, daß sie fir-
menübergreifend Probleme lösen. Sie erkennen früher und umfas-
sender die Probleme der Branche und kreieren innovative Verfahren,
Produkte, oder Dienstleistungen zum Nutzen der gesamten Branche.

1.1 Karriere-Reparatur und Karriere-Wartung

Eine Trennung vom Arbeitgeber kündigt sich zumeist subtil und
längere Zeit vor der offiziellen Entscheidung an. Spürt man die
ersten Signale, die ersten Anzeichen, wie den Verlust an Vertrauen,
das Vorenthalten von Informationen usw., dann gilt es sofort zu handeln und das ursächliche Problem firmenintern zu lösen oder im
Arbeitsmarkt aktiv zu werden.

So muß ggf. die eigene Arbeitsfähigkeit gewartet und hin und
wieder repariert werden, wie bei einer Maschine. Liegen Probleme
am Arbeitsplatz vor, so bietet es sich an, eine andere, gleichwertige
Position zu suchen. In solch einem Fall spricht man von ‚Karriere-
Reparatur‘, die jedoch nicht unbedingt zu einem besseren Anstel-
lungsverhältnis führt. Vorteilhafter ist es ,,Maintenance‘ oder ‚Wartung‘ zu betreiben, um die Arbeitsplatzsicherheit zu gewährleisten.

Kleine Karriere-Reparatur
Das bisherige Unternehmen fusioniert mit einem anderen. Diplom-Ingenieur Wildermann, 44, bekommt eine neue Aufgabe als Leiter der Arbeitsvorbereitung angeboten, da sein Arbeitsplatz entfällt. Doch diese Stelle ist 200 km weit entfernt. Sein Familiensinn ist stärker ausgeprägt als die Neigung umzuziehen. Wildermann bekommt die Kündigung, eine kleine Abfindung und mit Beratungshilfe eine ähnliche, neue Aufgabe in der Nähe. Kein beruflicher Fortschritt aber eine annehmbare Alternative.

Große Karriere-Reparatur
Dr.-Ingenieur Leitner, 41, war neun Jahre bei einem Konzern in der Metallindustrie als Leiter der Abteilung F & E angestellt.

14 Mitarbeiter waren ihm zugeordnet. Er fühlte sich aufgrund der neunjährigen Tätigkeit schon am Ende der beruflichen Entwicklung, da er in der Hierarchie nicht weiter aufsteigen konnte. So ging er prompt auf das Angebot eines Headhunters ein, die Position eines Geschäftsführers bei einem mittelständischen Unternehmen zu übernehmen. Leider zeigte sich innerhalb kurzer Zeit, daß Dr. Leitner mit falschen Versprechungen in eine Position gelockt worden war. Er stellte fest, daß er nichts bewegen konnte. Es hieß in den Vorstellungsgesprächen, daß der bisherige Geschäftsführer, mittlerweile 60 Jahre, nach kurzer Einarbeitung von Dr. Leitner in den Ruhestand ginge.

Dr. Leitner wurde als Geschäftsführer vorrangig im Vertrieb eingesetzt. Von Einarbeitung durch den Altgeschäftsführer war keine Rede, die Spannungen in der Geschäftsführung wuchsen. Er erzielte erste Verkaufserfolge im Key-Account-Geschäft. Der Altgeschäftsführer machte sich die Anfangserfolge seines neuen Kollegen zunutze und signalisierte dem Mutterkonzern, daß er weitermachen wolle.

Dr. Leitner spürte nach 4 Monaten verstärkten Widerstand auch von Seiten der Vertriebsmitarbeiter, da der Hauptgeschäftsführer jene auch steuern wollte. Kurz: Dr. Leitner wurde im ersten Jahr gekündigt.

Der Schaden durch einen Karriereknick war da. Leitner hatte drei Fehler gemacht: Zum einen hatte er eine Aufgabe angenommen, nämlich als Geschäftsführer das Großkundengeschäft zu betreuen, was nicht seiner Stärke entsprach. Zum anderen sah er in der Position des Geschäftsführers vordergründig ein höherwertiges Ziel mit mehr Prestige und Verantwortung. Und drittens hat er sich von einem Personalberater zeitlich unter Druck setzen lassen und damit seine Anwartschaften auf Pension im bisherigen Konzern verloren. Erst nach 10 Jahren Zugehörigkeit hätte er den Anspruch auf Betriebsrente übertragen bekommen.

So stand Dr. Leitner vor einem Scherbenhaufen: Keine Arbeit mehr, viel Geld verloren und schließlich noch der Karriereknick.

Im Rahmen einer Karriereberatung wurden zusammen mit Dr. Leitner sein Potential an Fähigkeiten und seine Stärken und Schwächen analysiert und das Resultat nochmals überarbeitet. Es stellte sich dann schnell heraus, daß seine Stärke nicht unbedingt im harten Verkaufsgeschäft, sondern vielmehr in der Führung hochkarätiger Wissenschaftler und in der Innovationsentwicklung im Bereich F & E liegen.

Darauf folgte die Überlegung, welchem Unternehmen Dr. Leitner einen großen Nutzen mit seinem Know-how bringen könnte? Die Zielgruppe 'Automotive' wurde definiert. Zielvorstellung: Wieder eine Aufgabe als Leiter F & E.

Mit einer Aktivbewerbung an die vorgenannte Zielgruppe konnten für Dr. Leitner 33 interessante Kontakte hergestellt werden. Nach intensiven Gesprächen lagen drei sehr gute Vertragsangebote vor. Heute ist er wieder Leiter F & E, wobei Dr. Leitner mittlerweile weiß, wie er sich in dieser Position weiterentwickeln kann – auch ohne Geschäftsführertitel. Er sieht sich heute als Vorreiter im Management of Change und mit der Aufgabe, sein Unternehmen beim Erreichen der Marktführerschaft zu unterstützen.

Karriere-Maintenance

Diplom-Ingenieur Neumann, 47, ist seit vielen Jahren Fertigungsleiter für Kunststoffprodukte in einem Betrieb für Elektroinstallationstechnik. Er bildet sich regelmäßig über neue Kunststoffanwendungen weiter und versucht, seine Funktion sach- und fachgerecht auszuüben. Er arbeitet nach dem Motto: Ich bin und bleibe der zuverlässige und beste Fertigungsleiter für das Unternehmen. Neumann strebt in seinem Beruf keine 'höhere' Aufgabe an, versucht jedoch unentbehrlich in seiner Funktion zu bleiben.

1.2 Change Agent im Unternehmen

Bei den vorangegangenen Beispielen konnten die Ingenieure ihren Status wieder erreichen oder halten. Ihre Position hat sich kaum verbessert. Wer an der Weiterentwicklung seiner Karriere interessiert ist, sollte nun in die Rolle des Change Agent schlüpfen. Mit 45 und auch 55 Jahren gibt es genügend Chancen für Ingenieure, sich beruflich weiterzuentwickeln oder sich beispielsweise selbständig zu machen.

FALLBEISPIELE FÜR SPITZENLEISTUNGEN

Fall Sarfert: Eigene Stärke auf Engpaß ausrichten

Diplom-Ingenieur Sarfert, 43, hat sich als Produktionsleiter im Maschinenbau und der Elektrotechnik profiliert. Neben den ausgezeichneten fachlich-technischen Kenntnissen und Fähigkeiten ist er in der Lage, sich problemlos in Teams einzubringen und Informationsströme intern zu lenken und zu steuern. Seine Stärke liegt in der Kommunikation. Er sieht berufliche Entwicklungschancen im Bereich der Verhandlungsführung mit Gewerkschaften – ein oft leidiges Thema und Engpaß für Unternehmer bzw. Geschäftsführer/Vorstände. Er bildet sich konsequent mit Unterstützung des Unternehmens im Bereich neuer Entlohnungsformen weiter. Nach zwei Jahren intensiver Betriebsratsarbeit und nach der Einführung neuer Lohnformen hat sich sein Engagement ausgezahlt. Er hat sich als Motor (Change Agent) im Unternehmen bewährt. Die Produktivität ist überdurchschnittlich gestiegen und die Lohnkosten sind gesunken, ohne daß das Betriebsklima darunter gelitten hätte. Sarfert wurde zum Technischen Leiter befördert. Sein nächstes Ziel ist die Stelle des Arbeitsdirektors.

Fall Hausmann: Engpaßlösung im Unternehmen

Statt irgendwelche Probleme im Unternehmen zu lösen, gilt es herauszufinden, welches Problem eine Abteilung, ein Unternehmensbereich oder das Unternehmen am stärksten behindert und nach einer Lösung verlangt. Der Faktor, der ein Unternehmen an der Weiterentwicklung am stärksten hindert, wird Engpaßfaktor genannt. Diesen Engpaß der Entwicklung zu erkennen, ist keine einfache, aber lösbare Aufgabe. Ist er – im Einvernehmen mit den Beteiligten – erkannt, beinhaltet er jedoch die größte Erfolgschance für das Unternehmen, die Mitarbeiter und den Problemlöser.

Diplom-Ingenieur Hausmann, 44, war F&E-Ingenieur bei einem Hersteller für Stühle. Bürodrehstühle zu entwickeln und Metallverarbeitung sind seine Schwerpunkte. Äußerst komplex und diffizil sind die Verstellmechanismen von hochwertigen Bürosesseln. Heutzutage sind gewichtsabhängige Verstellung der Sitze, Neigetechnik, Armlehnenverstellung und weitere ergonomische Feinheiten zur Selbstverständlichkeit geworden. Die Entwicklung einer neuen Bürodrehstuhl-Generation kostet mehrere Millionen DM.

Hausmann schaffte es, zusammen mit seinem Team eine neue Stuhlgeneration zu entwickeln, die, gemessen an Technik und Design, neue Maßstäbe setzte. Er löste damit einen Engpaß des Unternehmens, nämlich Umsatz- und Ertragssteigerung durch Ablösung der veralteten Stuhlgeneration. Mit 46 wurde er Werksleiter.

Als Werksleiter kümmerte er sich darum, die Probleme und Engpässe in der Produktion abzubauen. Direkt nach der 'Wende' gab es eine Fülle an 'verlorenen Zuschüssen' für Investitionen in den neuen Bundesländern. Er überzeugte seine Geschäftsführung bzw. die Inhaber, daß sich eine Investition in der Nähe von Berlin lohne. Er hatte dort eine Produktionsstätte für Metallverarbeitung ausfindig gemacht, die in

DDR-Zeiten Lift-Stühle für Friseurbetriebe gebaut hatte – also ebenfalls einen metallverarbeitenden Betrieb. Mit den bezuschußten Investitionen reorganisierte Hausmann den Betrieb und baute eine optimale Fertigungslinie für Komponenten der eigenen Bürodrehstühle auf. Die kostengünstige Fertigung der neuen Stuhlgeneration verstärkte im Unternehmen sein Renommee. Mitarbeiter und Geschäftsführung waren stolz auf ihn. Hausmann hat sich, mittlerweile 49 Jahre, zum Change-Agent im Unternehmen entwickelt.

1.3 Change Agent der Branche

Die Rolle des Change Agent in der Branche zu übernehmen ist noch attraktiver, als damit die Karriereposition stärker als bislang gesichert wird. Als Change Agent im Unternehmen ist der Arbeitsplatz im Unternehmen normalerweise nicht in Gefahr, da man auf Sie angewiesen ist. Im Krisenfalle jedoch ist es günstiger, in der Branche einen Bekanntheitsgrad als Change Manager aufgebaut zu haben.

Fall Hausmann: Engpaßlösung in der Branche

Hausmann entwickelte weiteren Ehrgeiz. Er wollte in die Geschäftsführung, sah jedoch innerbetrieblich keine Möglichkeit. Ab und zu riefen Headhunter an und fragten, ob er nicht wechseln wollte. Als der größte Anbieter von Büromöbeln ihn ansprechen ließ, nahme er diese Chance wahr.

Er wurde in den Vorstand bestellt. Seine Aufgabe bestand darin, die diversen Produktionsstätten in Deutschland und dem angrenzenden Ausland zu reorganisieren und ertragreicher zu gestalten.

Hausmann erkannte nach einigen Wochen den Engpaß weniger im Reengineering der Produktion, als in der Reorganisation der Produktlinien und Vertriebsstrukturen. Er setzte Qualitätsteams in den jeweiligen Produktionsstätten ein, die Verbesserungsvorschläge entwickelten und umsetzten. Zudem baute er seine 'soft skills' aus, vertiefte seine Kenntnisse in Marketing, Management, Selbstorganisation, Führung und Planung. Er nutze ferner seine Fähigkeit, mit

Kollegen, Gegnern, Mitarbeitern zu kooperieren und vor allem den Vertriebsvorstand so zu beeinflussen, daß jener Hausmanns Vorschläge gerne als förderlich für seine Position anerkannte und nutzte.

Kurz: Hausmann wurde im Konzern als Motor bekannt. Er setzte Maßstäbe, wie es aus der Automobilindustrie durch Lopez bekannt wurde. Andere Büromöbelhersteller machten es ihm nach.

Hausmann wurde mittlerweile in den verschiedenen Gremien der Branche zur Mitwirkung gebeten. Im Verband der Büromöbelindustrie bot man ihm eine ehrenamtliche Vorstandsposition an. Selbst in Brüssel, beim europäischen Dachverband, wurde er zu Kongressen eingeladen.

Sein 5-Jahresvertrag als Vorstandsmitglied wurde verlängert, so daß er seinen Arbeitsplatz bis zur Rente abgesichert sah. Dennoch trat etwas Unerwartetes ein: Der Hauptaktionär verkaufte seine Anteile. Die Entscheidungsstrukturen veränderten sich. Hausmann war der einzige aus dem Vorstand, der 'überlebte'. Er hatte sich mit seinen Projekten gegenüber den Kollegen besser profiliert und unersetzbar gemacht. Mit Ablauf seines 2. Vorstandsvertrages bat man ihn in den Aufsichtsrat.

Sein ursprüngliches Ziel und Leitbild mit 44 war, in der relativ kleinen Büromöbelbranche einer der Besten zu werden. Eine solche Zielsetzung sollte jedermann haben.

Und welches Leitbild haben Sie – auf welchem Gebiet wollen Sie als einer der Besten gelten?

Bitte notieren:

Fall Dr. Kleiner: Spitzenleistungen ausprägen und darüber 15
informieren

Ralf Kleiner, 49, promovierter Ingenieur, ist Technischer Geschäftsführer in der Verpackungsindustrie bei einer US-Tochtergesellschaft
in Deutschland. Gehalt und Position gaben keinen Grund, sich
Gedanken zu machen. Er hatte jedoch ein ein flaues Gefühl, wenn er
daran dachte, noch 15 Jahre in derselben Position bleiben zu müssen.
Auch überlegte er, welches Leistungspotential noch in ihm steckt
und wie er sich risikolos noch besser positionieren könnte. Ein Coa-
ching-Prozeß zeigte ihm neue Möglichkeiten auf, sich mit 'soft skills'
persönlich weiterzuentwickeln. Also vertiefte er sein Wissen in den
Themen Führung, Managementtechniken und Marketing.

Kleiner betrieb zunächst Change Management in eigener Sache.
Dazu gehört nicht nur das Stabilisieren des Unternehmens, son-
dern insbesondere auch, die persönlichen und unternehmerischen
Spitzenleistung bekannt zu machen.

Er nahm sich die Empfehlung zu Herzen, sich in den Fachverbänden der Branche zu profilieren. Er schrieb Fachartikel, begann
Vorträge zu Fragen der Verpackungstechnik zu halten. Somit
machte er sich in seinem Umfeld und seiner Branche bekannt und
konnte sogar eine große Nachfrage nach seiner Person aufbauen.

Sein Motto: Ein Unternehmen wettbewerbsfähig und rentabel
zu halten ist genau so wichtig wie Gründung und Aufbau eines
Unternehmens. So sorgt Kleiner in Abstimmung mit seinem kauf-
männischen Kollegen für ein gesundes Unternehmens- und
Ertragswachstum. Mittlerweile wird er häufig von Headhuntern
angerufen, testet seinen Marktwert und kann in aller Ruhe, falls es
in seinem Unternehmen Spannungen gibt oder er eine wirklich
interessante Herausforderung bekommt, auswählen.

Als Change Agent in der Branche entwickelte er ein Projekt zur
Optimierung von Verpackungskosten mittels Recycling-Materiali-
en. Zunächst testete er die Vorteile im eigenen Unternehmen, gab
das Konzept dann an den Verband weiter, der für die firmenüber-
greifende Nutzung sorgte. Dr. Kleiners Tätigkeit als Change Agent

führte zu großer Bekanntheit in seiner Branche und damit zur
Festigung seiner eigenen Position.

> CHECKLISTE
> *So wird man zum Change Agent*

Phase 1: Gewinnen Sie an Profil

1. Analysieren Sie Ihre eigenen Stärken
Überlegen Sie kritisch und genau, in welchen Bereichen Ihre fach-
lichen und persönlichen Stärken liegen. Befragen Sie dazu auch
Freunde und Kollegen.
Notieren Sie alle Punkte, die Ihnen dazu einfallen und überprüfen
und ergänzen Sie diese Liste nach einiger Zeit wieder.
Markieren Sie die speziellen Kenntnisse, Fähigkeiten und Fertigkei-
ten, mit denen Sie sich von Ihren Kollegen abheben können.

2. Sammeln Sie Informationen
Von Ihrem Spezialgebiet ausgehend, sammeln Sie bitte alle möglichen Informationen über Techniken, Verfahren, Produkte, Organisationen und Verbände und verdichten Sie diese. Nutzen Sie alle Medi-
en, die Ihnen zur Verfügung stehen.

3. Spüren Sie Engpässe auf
Vom jetzigen Arbeitsbereich ausgehend fragen Sie sich, welche Engpässe in der Abteilung, im Unternehmen oder in der Branche derzeit
bestehen und welche möglicherweise auftreten können. Dazu bedarf
es einfacher Analysen des Arbeitsablaufs bis hin zu gründlicher Lek-
türe von Fachzeitschriften und anderer Medien, der Diskussion mit
Kollegen, Kunden und/oder Lieferanten. So bekommen Sie ein
Gespür für die Dringlichkeit der einzelnen Probleme. Diese Themen
und mögliche Engpässe sind ebenfalls schriftlich zu fixieren und von
Fall zu Fall zu überarbeiten.

4. Erkennen Sie Ihre Zielgruppe

Die Zielgruppe, für die Sie sich vorranging profilieren müssen, sind Ihre Vorgesetzten, wie z.b. Bereichsleiter, Geschäftsführer oder Inhaber. Für einen Geschäftsführer sind dies die Gesellschafter. Aber auch Kunden, Lieferanten, für die Sie Problemlösungen anbieten wollen, können zu Ihrer Zielgruppe zählen.

Studieren Sie genau deren Wünsche und Reaktionen, notieren Sie Namen und Verhalten. So können Sie noch gezielter auf deren spezielle Wünsche, Vorstellungen, Probleme und Intentionen/ Absichten eingehen und Ihre Besserlösung darauf abstimmen.

5. Finden Sie realistische Lösungsansätze

An jedem Arbeitsplatz sind verschiedene Aufgaben zu erfüllen, jedoch nur ein Teil kann dazu genützt werden, um die erkannten Engpässe zu lösen. Verzetteln Sie sich nicht! Beginnen Sie mit kleinen Engpaß-Lösungen, warten Sie auf die Resonanz, ehe Sie größere Aufgaben anpacken.

Phase 2: Schaffen Sie sich einen Vorsprung durch Bekanntheit

1. Machen Sie sich bekannt

Profilieren Sie sich als der beste Problemlöser. Schreiben Sie Fachartikel in Branchenzeitungen und Zeitschriften, arbeiten Sie in Fachverbänden, halten Sie Vorträge, führen Sie Fachgespräche mit Kollegen und Vorgesetzten, teilen Sie Ihre Kenntnisse in Rundschreiben und Aktennotizen Ihren Vorgesetzten und Ihrer Zielgruppe mit. Aber nur, wenn Sie tatsächlich etwas zu sagen haben.

2. Werden Sie zum Informationsknotenpunkt

Sammeln Sie nicht nur konsequent und gezielt alle relevanten Informationen, sondern sortieren und ordnen Sie diese. Dadurch können Sie dieses Wissen nicht nur schneller und besser abrufen und verwerten, sondern können diese Informationen lösungsorientiert einsetzen. So werden Sie in Ihrem Spezialgebiet – so klein und begrenzt es auch zunächst sein mag – zum Bestinformierten und damit zur informellen Schlüsselfigur.

Phase 3: Entwickeln Sie Lösungspakete

1. Bieten Sie komplette Problemlösungen an
Arbeiten Sie bei Ihrer Zielgruppe das brennendste Problem heraus
und entwickeln Sie eine Lösung. Belassen Sie es aber nicht nur bei
einer Idee zur Lösung des Problems. Zeigen Sie konkrete Ansätze mit
Umsetzungsschritten, um das Problem zu lösen. Testen Sie es an
Referenzfällen, um mit einem durchführbaren Projekt glänzen zu
können.

2. Streben Sie Kooperation an
Sie haben es einfacher, ein überzeugendes Konzept mit Kooperationspartnern zu entwickeln. Ist das Konzept schon ansatzweise überzeugend, ist die Zielgruppe (das Unternehmen/Ihr Vorgesetzter)
gerne bereit, Ihr Projekt zu unterstützen. Kooperieren Sie mit den
Kunden, Zulieferern, Arbeitskollegen – gemeinsam sind Sie noch
besser, schneller und erfolgreicher.

3. Verkaufen Sie das Projekt mit einem eigenen Namen, statt sich selbst
Durch eine sachliche, projektbezogene Bezeichnung vermeiden Sie
Neider und das Projekt wird eher von allen Interessenten gefördert.
Betreuen Sie das Projekt in der Umsetzung weiter und kontrollieren
Sie die Auswirkungen. Mit dem Feedback kann es verbessert und
somit zu einer größeren Verbreitung und zum Selbstläufer geführt
werden. Dann können Sie sich als Change Agent neuen Herausforde-
rungen stellen!

1.4   Das neue Karriereverständnis – Employability

Karriere war bislang untrennbar mit einem hierarchischen Aufstieg
verbunden. Dies ist Vergangenheit: Hierarchien werden abgebaut.
Lean-Management läßt Hierarchie-Ebenen schrumpfen. Zudem
vermindert sich die Anzahl an Mitarbeitern, da immer mehr Projekte über Outsourcing aus dem Unternehmen nach außen verlagert
werden.

Wo Hierarchien abgebaut werden, sehen Mitarbeiter ihre Entwicklungschancen schwinden. Oft bedeutet dies einen Motivationsverlust für die Mitarbeiter, da der Antrieb für das Erreichen der nächsten Entwicklungsstufe fehlt. Dies kann man verhindern, indem die Leistungsbeurteilung von Hierarchien abgekoppelt wird.

Karriere bedeutet für viele noch, Aufgaben bestens zu erfüllen und so automatisch mehr Verantwortung übertragen zu bekommen. Doch das hat sich geändert: Heute muß jeder Beschäftigte für sich selbst und seine Karriere Verantwortung übernehmen und selbst überlegen, wie er für das Unternehmen attraktiv wird und bleibt. Es geht darum, die persönliche Kompetenz konsequent auszubauen: zum Nutzen seiner Abteilung bzw. seines Unternehmens und sich selbst.

Und wer es schafft, in seinen Projekten erfolgreich zu sein, wird auch bei notwendig werdendem Positionswechsel schneller als andere eine neue Aufgabe finden. So geht es bei der Karriereentwicklung verstärkt darum, sich Gedanken über die lebenslange Einsetzbarkeit (life-long-employability) anstatt über das lebenslange Beschäftigungsverhältnis (life-long-employment) zu machen. Kein Unternehmen kann heute mehr eine lebenslange Beschäftigungsgarantie abgeben. Jeder muß sich fragen, wie er für sein Unternehmen attraktiv, ja unverzichtbar bleibt.

Fall Merker

Diplom-Ingenieur Merker, 46 Jahre, bislang Technischer Leiter, wurde ein neues Projekt übertragen, nämlich ein Werk in der Nähe von Braunschweig komplett neu zu planen, fertigzustellen und dann zu leiten. Seine Visitenkarte im Hause lautete „Projektleiter Braunschweig". Es war sicher keine attraktive firmeninterne Bezeichnung, jedoch ein äußerst attraktives Projekt.

Er bekam noch eine englischsprachige Visitenkarte zur Verfügung gestellt mit dem Titel „Vice President", damit er auf Messen und bei Kontaktbesuchen mit einem hohen Titel glänzen konnte. Entscheidend ist nicht die englische Visitenkarte, sondern der Fortschritt in seiner Karriere, nämlich seine Kompetenz erweitert zu haben. Merker hat ein größeres Projekt übertragen bekommen, zudem mit einer entsprechend hohen Vergütung.

Dieses Beispiel zeigt, daß man nicht nur mit Titeln höher steigen kann. In Zukunft werden gerade Ingenieure stärker motiviert durch Job-Enrichment und klare Anforderungen. Mit neuen Aufgabenspektren können sich Ingenieure in die Tiefe bzw. zum Vorteil des Unternehmens entwickeln. Der einzelne Mitarbeiter wird zum Unternehmer in eigener Sache. Er muß seine Projekte unternehmerisch planen und realisieren, ggf. als Profitcenter, unter Brücksichtigung der Interessen des Unternehmens. So werden künftig verstärkt die Zielvereinbarungen im Rahmen der gesamten Geschäftsstrategie bis an unterste Hierarchie-Ebenen herangetragen.

So hat es beispielsweise der Fertigungsleiter Berger, 48 Jahre, in einer Werkzeugmaschinenfabrik erreicht, im Team mit seinen Arbeitsgruppen die Produktivität überdurchschnittlich zu steigern, wodurch seine Akzeptanz nicht nur bei den Mitarbeitern, sondern auch bei der Geschäftsführung gestiegen ist.

Einer der Gesellschafter des familiengeführten Unternehmens war der sogenannte Technische Leiter. Er wurde mittlerweile von den Mitarbeitern nicht mehr als Chef angesehen, sondern Ingenieur Berger, der die Produktivität deutlich verbessert hatte. Obwohl der Technische Leiter und Gesellschafter seine Position nicht aufgeben wollte, mußte er auf Druck der anderen Gesellschafter diese Aufgabe abgeben. Berger wurde Technischer Direktor, ohne es direkt angestrebt zu haben. Er hatte nie im Sinn, einmal den Stuhl des vorgesetzten Gesellschafters übernehmen zu können, jedoch immer überlegt, wie er seinem Unternehmen einen hohen Nutzen bringen kann. Dies sicherte den Unternehmenserfolg und damit den eigenen.

Der Erfolg von Berger ist kein Einzelfall. Es zeigt sich mittlerweile in verstärktem Maße, daß sich Führungskräfte verstärkt an der Zukunftsentwicklung ihres Unternehmens beteiligen müssen, unternehmerisch denken und sich als Dienstleister, auch für ihre Mitarbeiter, zu verstehen haben. So haben Vorgesetzte ihre Mitarbeiter im gleichen Sinne zu fördern wie sie sich selbst entwickeln sollen.

Karriere wird somit nicht mehr als Aufstieg definiert, sondern als
Steigerung des Nutzwertes im Arbeitsmarkt. Oder besser: Karriere ist
die Entwicklung persönlicher und fachlicher Stärken zum Nutzen des
Arbeitsmarkts und damit zur Sicherung der eigenen Beschäftigung.

21

1.5 Karriere-Sackgasse, was tun?

Klaus Grimm ist 50 Jahre und ausgebildeter Maschinenbautechniker.
Als Diplom-Ingenieur ist er bei einem der großen Industriekonzerne
seit acht Jahren im Bereich Reaktortechnik als Betriebsleiter im AT-
Verhältnis (AT = außer Tarif) tätig. Sein Aufgabengebiet umfaßt die
Wartung und Instandsetzung von Maschinen und Geräten, die in
kerntechnischen und konventionellen Anlagen zum Einsatz kommen. Dort unterstehen ihm direkt 18 Mitarbeiter und – je nach Pro-
jektart – weitere 12 Mitarbeiter.

Er ist sich nicht sicher, ob sein Arbeitsplatz für die nächsten 10
oder 15 Jahre erhalten bleibt. Befindet sich Grimm in einer beruflichen Sackgasse? Was kann er tun?

Stärkenanalyse
Zunächst hat er seine persönlichen Stärken analysiert und herausgearbeitet, daß er Spezialkenntnisse bei der Instandhaltung bzw. Instandsetzung der äußerst komplexen Maschinen hat, die in Kernkraftwer-
ken Rohre auf Risse oder Undichtigkeiten prüfen können. Wenn die
Werkzeuge von Auslandseinsätzen zurückkommen, müssen diese wieder instandgesetzt und auf 100 % Tauglichkeit geprüft werden.

Zudem werden die Geräte wöchentlich an verschiedene Standor-
te weltweit transportiert. So hat Klaus Grimm auch beste Kenntnisse
bei der Vorbereitung und Abwicklung der internationalen Transpor-
te. Er kennt sich im Speditionswesen aus, wie auch in Zollfragen und
dem optimalen Transportschutz für empfindlichste Geräte. Seine
weiteren Stärken liegen in der Mitarbeiterführung, insbesondere
wenn Sondereinsätze notwendig sind. Grimm führt seine Abteilung
so gut, daß er bei einem Reaktorunfall schneller als andere Wettbe-
werber mit entsprechenden Geräten vor Ort sein kann.

Nutzwertanalyse

Zusätzlich zur Stärkenanalyse wurde die Nutzwertanalyse durchgeführt: Welchen Vorteil kann er anderen Firmen bringen. In welchen Firmen könnte er eine ähnliche Tätigkeit ausüben? Den größten Nutzen bringt er all den Firmen, in denen Feuerwehraufgaben, Rettungseinsätze im technischen Bereich schnell und mit technisch komplizierten Geräten durchzuführen sind.

Zielgruppenanalyse

Da Grimm in einem Marktsegment tätig ist, in dem es nur wenige große Anbieter gibt, hätte er wohl kaum eine Chance, auch aufgrund seines Alters von 50 Jahren, zu einem Konkurrenzunternehmen zu wechseln.

So gehen die Überlegungen in eine andere Richtung: Wo könnte er ebenfalls ‚Feuerwehraufgaben' organisieren und lösen? Es bieten sich diverse Ideen, wie Mitarbeit bei Sondereinsätzen des technischen Hilfswerkes, bei Rettungsdiensten, bei Versicherungen für schnelle Analyse von Versicherungsschäden, an. Auch Überwachungsbehörden, TÜV, Luftfrachtunternehmen, internationale Speditionen kommen in Frage. Die Frage ist schließlich, für welche Zielgruppe ist er im deutschen Markt am interessantesten?

Bei intensiverem Nachdenken und Gesprächen mit Vertretern aus diesen Zielgruppen kommt er zu dem Schluß, daß diese Zielgruppen oder Zielfirmen/Behörden keinen Ingenieur mehr mit 50 Jahren einstellen würden. So mußte nun nach weiteren Alternativen gesucht werden.

Weitere Suche nach Alternativen

Grimm könnte sich im Unternehmen unersetzlich machen. Dies bedeutet, die Engpässe in einer Abteilung und im jeweiligen Geschäftsbereich zu analysieren, Überlegungen anzustellen, wie man in seinem Verantwortungsbereich die Kosten senken und Arbeitsschritte vereinfachen kann. Oder es ist darüber nachzudenken, welche Tätigkeiten ausgegliedert werden können, um für sein Unternehmen eine schlagkräftige und gleichzeitig kostengünstige Einsatztruppe zu leiten.

So wird vereinbart, daß Grimm für seinen Arbeitsbereich Check-   23
listen und einen Leitfaden für Krisenfälle entwickelt, damit seinen
Vorgesetzten bekannt wird, wie gut er seinen Bereich leitet. Mit diesem Leitfaden ist Grimm in der Lage, Vorträge zu halten und Fachartikel zu schreiben, damit sein Name in der Branche bekannt wird.

Die andere Überlegung geht dahin, den Arbeitsmarkt zu testen.
Grimm wird ein Stellengesuch in den VDI-Nachrichten schalten. Es
muß nicht unbedingt zu einer neuen Anstellung führen; entscheidend ist, daß Grimm ein Gespür dafür bekommt, ob seine Tätigkeit
woanders überhaupt gefragt ist.

Grimm könnte sich auch selbständig machen; nicht als Maschi-
nenbauer, sondern in Bereichen wie Beratung, Service, Maintenance
(Wartung) oder mit Springerdiensten für Unternehmen des Anla-
genbaus.

Da Grimm ein Kapital von ca. 100.000 DM angespart hat, könnte er
sich bei einem Unternehmen beteiligen (MBI = Management Buy In)

Oder: Da Grimm in seinem Anstellungsvertrag kein Verbot von
Nebentätigkeiten hat, könnte Grimm jetzt schon anfangen, nebenberuflich beratend tätig zu werden.

Schließlich wurde folgendes Ergebnis erzielt: Grimm schreibt in
seinem jetzigen Arbeitsbereich alles auf, die Planungsabläufe zur Vorbereitung eines Einsatzes, welche Geräte eingesetzt werden, wie die
Ablauforganisation gestaltet wird, usw. Er entwickelt Checklisten und
Schemata für den Arbeitseinsatz von Material und Mitarbeitern.
Zudem macht er Verbesserungsvorschläge und setzt sie im Unternehmen um. Alles wird schriftlich dokumentiert.

Für die nebenberuflichen Möglichkeiten entwickelt er ein Konzept
für die (zunächst kostenlose) Beratung von Serviceunternehmen, die
derzeit schon für Anlagenbauer tätig sind, evtl. sogar für Serviceunternehmen, die den eigenen Konzern bedienen. Nach ersten Erfahrungen
im Beratungsgeschäft kann er dann seine Beratung systematisieren
und nebenberuflich gegen Bezahlung durchführen.

Mit solch einer Beratungsleistung wird sein Know-how in diesem
Bereich zunehmen, und sein Wissen wird zudem für das eigene
Unternehmen wertvoller werden. Wenn der Arbeitsplatz künftig

erhalten bleibt, hat Grimm in die Beratungstätigkeit nicht umsonst investiert, da er ja einen Nebenverdienst erreichen kann. Im Krisenfalle jedoch stellt das Beratungskonzept für ihn ein soziales Sicherungsnetz dar.

Mit diesen Hausaufgaben ist Grimm wieder motiviert bei der Sache. Das Sackgassen-Syndrom hat sich für ihn gelöst. Er widmet sich verstärkt seinen Aufgaben im Unternehmen, systematisiert diese und baut Kontakte in seiner neuen Beschäftigung als Berater auf.

Die hier aufgezeigten Lösungsschritte können in anderen Berufen analog durchgeführt werden und führen – je nach Stärkenpotential jedes einzelnen – zu neuen Berufschancen.

1.6   Ende der Karriereleiter oder durchstarten?

Vorstandsmitglied Zeidler, 54, hatte Pech, als sein Unternehmen einen neuen Hauptaktionär bekam. Er wurde vorzeitig, nämlich 2 Jahre vor Ende seines Vorstandsvertrags gebeten, seinen Platz für einen Kollegen freizumachen. Der neue Aufsichtsratsvorsitzende bot ihm eine faire Trennungslösung mittels Outplacement und eine Abfindung in Höhe eines Jahresgehaltes an.

In den Ruhestand gehen wollte er noch nicht. Er versuchte über sein Beziehungsnetz eine neue Aufgabe zu bekommen. Es wurde ihm geraten, sein Abfindungsgeld nicht 'abzusitzen', sondern in ein Unternehmen zu investieren. Nur in welches? Seine Branchenerfahrung lag im Bereich Eisen/Metall, Produktion und Handel von Röhren, Stäben usw. Eine erste Zielgruppen-Kurzbewerbung ergab keine realisierbare Chance im ehemaligen Montanbereich. So legte ihm sein Berater nahe, die Ebene der Handelsunternehmen im Bereich Eisen/Metall anzusprechen, was ihm zunächst als 'nicht adäquat' erschien. Dennoch kontaktierte sein Beratungsbüro schließlich mittelständische Unternehmen im Bereich Eisenwaren und boten – unter Treuhandadresse – Peter Zeidler mehreren Mittelstandsbetrieben als Geschäftsführer an.

Er bekam diverse Zuschriften. Darunter waren drei Unternehmen, bei denen ein Generationswechsel bevorstand. Deren Inhaber

waren um die 63 Jahre alt, deren Nachkommen erst um 35 bis 40
Jahre. Vorteil war, daß Zeidler das ideale Alter für die Nachfolgeüber-
brückung hatte. Er verfügte zudem über das Know-how zur Führung
eines Großhandelsbetriebs in Sachen Eisen/Metall. Außerdem brachte er ein gewisses Beteiligungskapital mit, das ihm über das Gehalt
hinaus noch einen ordentlichen Zusatzgewinn sichern würde.

Er entschloß sich in sehr kurzer Zeit für eines dieser Unternehmen und erhielt einen Vertrag mit einer Laufzeit von 5 Jahren und
einen weiteren Vertrag zur Firmenübernahme per Rentenzahlung.
Er hatte sich das Unternehmen ausgesucht, in dem er die größten
Entwicklungschancen sah: einen kleineren Großhandel, den er nach
einiger Zeit anteilsmäßig voll übernehmen konnte.

Sein Gehalt war deutlich geringer als vorher. Mit der Beteili-
gungsquote, die in einigen Jahren über 50 % liegen wird, kann er
jedoch mehr verdienen als bisher.

Innerhalb von drei Jahren hatte Zeidler das Großhandelsunter-
nehmen restrukturiert und zum Marktführer in der Region gemacht.

In den ersten Beratungsgsprächen meinte er noch, das Alter von
54 Jahre sei schwierig zu ‚verkaufen'. Aber er lernte schnell, daß er
nicht sein Alter, sondern seine Fähigkeit als Problemlöser anbieten
muß. Selbst in diesem Altersabschnitt gibt es genügend Chancen zur
beruflichen Entfaltung und sei es wie in diesem Fall durch eine
Beteiligung oder durch die Gründung einer eigenen Firma, als Han-
delsvertreter oder Berater.

Junge Existenzgründer bringen i.d.R. wenig Branchen- und
Führungserfahrung sowie Finanzmittel mit. Die Existenzgründung
bzw. Firmenbeteiligung dürfte daher einem gestandenen Manager
leichter fallen als dem Berufsanfänger. Allerdings haben sich viele
Führungskräfte finanziell 'einbetoniert'. Sie haben keine Reserven
und das Eigenheim läßt keinen Spielraum für Beteiligungen zu. Wer
sich von seiner Finanzlage und damit einem regelmäßigen Gehalt
abhängig macht, hat es viel schwerer, sich unternehmerisch zu engagieren. Also schaffen Sie sich finanzielle Freiräume, um nicht von
einem Unternehmen abhängig oder unfähig für eine Existenzgründung zu sein!

2. Karriere durch Positionswechsel

2.1 Der erfahrene Produktionsmanager auf Stellensuche

In diesem Fall suchte ein Unternehmen einen Ingenieur auf Leitungsebene. Dieses Beispiel wurde gewählt, um aufzeigen zu können, wie ein bestimmtes Bewerbungsverhalten aus Sicht des Entscheiders beurteilt wird. Außerdem soll es verdeutlichen, daß das Reagieren auf Stellenangebote immer nur für einen Bewerber erfolgreich sein kann; für die anderen ist es stets frustrierend. Dies ist der Grund, weshalb in den weiteren Kapiteln die motivierendere Aktivbewerbung empfohlen wird.

Der klassische Positionswechsel
Im Auftrage eines Kfz-Zulieferunternehmens mit ca. 1.000 Mitarbeitern, Firmensitz in Süd-Österreich, wurde untenstehende Anzeige (*Abb. 3*) geschaltet. Gesucht wurde ein erfahrener Produktionsmanager, da der bisherige Stelleninhaber einen tödlichen Unfall erlitt. Dem Stellvertreter mangelte es noch an Erfahrung, um ihm die Gesamtleitung der Produktion übertragen zu können. So wurde ein erfahrener Ingenieur gesucht, der entsprechende technische- und Führungserfahrung mitbrachte und den für die Nachfolge vorgesehenen Fertigungsleiter führungsbezogen aufbaute.

Die Anzeige war speziell an ältere Ingenieure mit langjähriger Erfahrung gerichtet. Trotz der klaren Positionsbeschreibung fragten vorab telefonisch diverse Ingenieure nach, ob sie – 39 Jahre alt – in Frage kämen. Diese hatten die Anzeige nicht richtig gelesen. Andere wollten schon am Telefon wissen, ob sie in den Kreis der interessanten Kandidaten passen könnten. Insgesamt sandten 76 Ingenieure ihre Bewerbungsmappen an die Personalberatung. Von diesen paßten 80 % zur Anzeige. So war es sehr zeitaufwendig und schwierig, alle Bewerbungsunterlagen durchzuarbeiten und die besten Bewerber für die engere Wahl herauszuchuchen.

Letztendlich kamen 15 Bewerber zum ersten Vorstellungsgespräch in die beauftragte Agentur. Fünf davon wurden zum zweiten Gespräch in das Unternehmen nach Österreich eingeladen. Diese fünf, exzellente Kandidaten, lagen vom Leistungsvermögen und von der Führungserfahrung so eng beieinander, daß es zunächst große Mühe bereitete, den besten Bewerber zu benennen.

Schließlich mußte die Frage geklärt werden, welcher der Kandidaten (alle über 50 Jahre jung) für 2 Jahre vielleicht seinen Hausstand vor Ort gründen wolle. Diese nicht einfache Problematik bzw. Erwartung wollten dann doch 2 Bewerber erfüllen, von denen die Entscheidung auf denjenigen fiel, der neben seinen Führungskenntnissen mit seiner Produktionserfahrung dem ausgewiesenen Produktionsprogramm am nächsten kam.

Der Kandidat bat um eine Honorierung als Freiberufler, was für das Unternehmen kein Problem darstellte. Der Vertrag wurde zügig

Wir sind ein europaweit erfolgreich tätiges und stark expandierendes Unternehmen der

Kfz-Zulieferindustrie

und fertigen als Systemlieferant hochwertige Kunststoffteile für die deutsche und europäische Automobilindustrie. Unser Umsatz liegt in dreistelliger Mio.-Höhe. Für die Leitung unserer gesamten Fertigung suchen wir den

erfahrenen Produktionsmanager

Die Aufgabe besteht in der Führung und Entwicklung der Fertigung sowie der fertigungsnahen Funktionen mit rund 1000 Mitarbeitern. Über einen Zeitraum von 2 Jahren soll das vorliegende Konzept der Neustrukturierung umgesetzt und die Schnittstellen zu den anderen Unternehmensbereichen mitgestaltet werden. Die Entwicklung der überwiegend jungen und einsatzwilligen Mannschaft, die Aktivierung von Ratiopotentialen und Produktivitätsverbesserungen sind dabei erwartete Ergebnisse.

Wir bieten diese Aufgabe insbesondere einem erfahrenen Produktionsmanager an, der sich dieser zeitlich begrenzten Herausforderung stellen will. Dabei denken wir gerade auch an den älteren Manager, der seine umfangreiche Erfahrung und seine Einsatzbereitschaft in diese Aufgabe einbringen kann. Voraussetzung ist kurzfristige Verfügbarkeit. Firmensitz ist im deutschsprachigen Ausland.

Wir freuen uns über Ihre Bewerbung. Ihre kompletten Bewerbungsunterlagen senden Sie bitte an die von uns beauftragte Agentur Bürkle, z. H. Frau Lange, Villa Spiegelberg, D-55283 Nierstein bei Mainz, Telefon (06133) 61046, Fax -5472. Sperrvermerke werden beachtet und Diskretion gewahrt.

Abb. 3 Anzeige erfahrener Produktionsmanager

aufgesetzt und von beiden Seiten unterschrieben. Der Diplom-Ingenieur konnte innerhalb von 14 Tagen anfangen und sein Umzug wurde binnen eines Vierteljahres vollzogen. Interessant war die Reaktion der restlichen Bewerber, die zum Vorstellungsgespräch eingeladen worden waren. Mit der Absage ging natürlich deren Motivation verloren. Viele Kandidaten riefen an und wollten wissen, was sie falsch gemacht hätten. Dabei ist grundsätzlich festzustellen, daß die Bewerber nichts falsch gemacht haben, sondern daß ihre Erwartungen bzw. Fähigkeiten und Kenntnisse nicht so gut zu der Position paßten wie bei dem ausgewählten Kandidaten.

Das Unternehmen in Südösterreich konnte sich den am besten zu ihm passenden Diplom-Ingenieur herauspicken und hatte nach der Anzeigenschaltung die Qual der Wahl. Jeder dieser guten Bewerber mußte sich dagegen im klaren sein, daß er zu den 'Verlierern' gehört, auch wenn er die Silbermedaille gewinnt. So ist es nicht verwunderlich, daß viele Bewerber 60 oder 100 Bewerbungen verschicken, um zu Gesprächen eingeladen werden, jedoch in 99 von 100 Fällen die Goldmedaille nicht bekommen.

Auf diese einseitigen Machtverhältnisse muß sich jeder Bewerber einlassen, wenn er auf Anzeigen reagiert. Wolfgang Mewes hat diese Situation schon in den 50er Jahren erkannt und ein gegenläufiges Prinzip entwickelt. Er nannte es ‚Massen-Kurzbewerbung‘. Mewes (1956) schreibt in seinem Buch „Das goldene Buch des Berufserfolges", daß der Bewerber Chancen hat, selbst in die Rolle des Mächtigeren zu kommen, wenn er eigeninitiativ an den Markt herantritt. So empfahl Mewes schon damals das eigene Stellengesuch oder die Aktivbewerbung. Bei diesem aktiven Bewerbungsverfahren gelingt es dem Bewerber, mehrere Kontakte zu Firmen seiner Wahl herzustellen. Er kann daraus resultierend zu ihm passende zwei oder drei gleichzeitig vorliegende Vertragsangebote prüfen und sich dann für das bestgeeignete Unternehmen entscheiden.

Bewerber, die sich also auf Stellenangebote bewerben, gehen grundsätzlich ein äußerst hohes Risiko der Absage ein. Bewerber, die sich aktiv von sich aus bewerben, haben dagegen die Chancen auf ihrer Seite.

2.2 Aktivbewerbung eines Ingenieurs

Diplom-Ingenieur Peter Klöber hatte eine Lehre bei einem Betonstein-
hersteller gemacht, die Gesellenprüfung mit „gut" bestanden, anschließend studierte er Bauingenieurwesen. Seine erste Position war die
eines Baustatikers im Großbrückenbau, anschließend war er Bauleiter
im Rohbau. Anfang der 90er Jahre arbeitete er als Bauleiter in einem
großen deutschen Konzern im Bereich schlüsselfertiges Bauen. Seit
einigen Jahren ist er technischer Leiter Industriebau in einem mittelständischen Unternehmen, das überwiegend Produktions- und Lager-
hallen, Verwaltungsgebäude und Bauten für den Umweltschutz erstellt.

Mittlerweile ist er 45 Jahre und sucht seit einem Jahr eine neue
Aufgabe. Er hat sich bereits auf unzählige Anzeigen beworben und
war auch einige Male in die engere Auswahl gekommen. Die Goldmedaille fiel jedoch immer auf einen anderen Bewerber. Klöber
spürte, daß er bei seinen Bewerbungen etwas falsch machte und kam
zu einer Karriereberatung. Er war zunächst der Meinung, durch eine
besser gestaltete Bewerbungsmappe eine bessere Resonanz als bisher
erzielen zu können. Nach Durchsicht seiner Unterlagen stellte sich
aber heraus, daß die Art und Weise seiner Bewerbung der Grund für
seine Erfolglosigkeit war und seine Entwicklung behinderte.

Natürlich hätte man Kleinigkeiten an der Bewerbungsmappe verbessern können. Jedoch die Tatsache, daß er relativ häufig zu Vorstellungsgesprächen eingeladen wurde, zeigte, daß nicht die Bewerbungsmappe der große Hinderungsgrund war. Sein Problem war, daß ihm
nach den Verhandlungen stets andere vorgezogen wurden. Nach der
Überprüfung und Simulation von Vorstellungsgesprächen mittels
Videoeinsatz wurde jedoch kein spezieller Mangel in seiner Präsentation erkennbar. Schließlich kristallisierte sich der Punkt heraus, der seinen Erfolg verhinderte: die fachliche Positionierung seines Könnens.

Wie bekannt, ist die Baubranche heutzutage nicht mit vollen Auf-
tragsbüchern gesegnet. Wer also in dieser Marktsituation eine neue
Position sucht, muß schon etwas Besonderes bieten. Klöber jedoch
präsentierte sein Know-how wie ein Generalist: Er könne überall
etwas leisten. Da er verschiedene Funktionen in der Baubranche

wahrgenommen hatte, wurde er gerne zu den ersten Vorstellungsgesprächen eingeladen, in denen geprüft wurde, wo seine Spezialkenntnisse liegen und ob diese zu den gestellten Anforderungen und
Erwartungen des Unternehmens passen.

Anhand des EKS-Konzepts (Mewes 1971) wurde seine Differenz-
Eignung erarbeitet. In der Differenz-Eignungs-Analyse werden die
fachlichen Stärken, Vorzüge, und besonderen Fähigkeiten gegenüber
Ingenieurkollegen, die in derselben Branche und Funktion tätig sind,
herausgearbeitet.

Die Differenz-Eignungs-Analyse ergab, daß Klöber im Durchschnitt zu Kollegen eine schlechtere Eignung aufwies. Er besaß
jedoch im Gegensatz zu seinen Branchenkollegen in zwei besonderen Arbeitsbereichen einen Wettbewerbsvorteil, der sich als besonders gut erwies: zum einen im Bereich Schalungsanwendung, zum
anderen in der Verhandlungsführung mit Kunden sowie Neukundengewinnung und Reaktivierung von Altkunden (siehe *Abb. 4*).

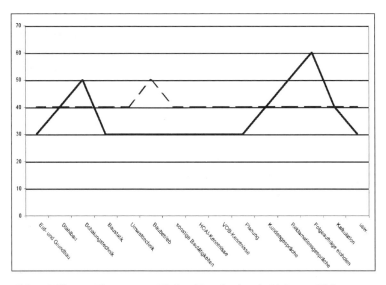

Abb.4 Differenz-Eignung von Klöber (*Durchgehende Linie von Klöber,*
gestrichelte Linie eines durchschnittlichen Bewerbers)

32   Klöber ist bei dem Herausarbeiten seiner fachlichen und persönlichen Stärken klargeworden, daß er im fachlichen Bereich zwei Speerspitzen hat, nämlich das Thema Betonverarbeitung/Schalung sowie die Kundengewinnung. So gelingt es ihm immer wieder bei Kunden Zusatzaufträge einzuholen und Reklamationen kundenfreundlich abzuwickeln bzw. abzuwenden. Es wurde Klöber daraufhin geraten, diese Stärken auszubauen und dann einen Markttest im Arbeitsmarkt durchzuführen.

Hierbei hat er sich in die Rolle des möglichen Arbeitgebers versetzt und überlegt, was jene derzeit benötigen. Da der Bauboom nach der Wende mittlerweile verebbt ist, brauchen die Bauunternehmer weniger einen Bauleiter oder Planer, sondern eher jemanden, der Neukunden gewinnen und bei den gegebenen Aufträgen die Kosten senken kann. So wurde eine Anzeige für die VDI-Nachrichten entwickelt mit nachstehendem Text (Muster 1).

Bei früheren Stellengesuch-Anzeigen textete Klöber die Überschrift mit dem Begriff: Diplom-Ingenieur Bauwesen. Mit der nun spezialisiert ausgerichteten Stellenanzeige bekam Klöber 16 Zuschriften, und zwar exakt auf sein Thema bezogen. Bei seinen früheren Anzeigen bekam er Zuschriften von allen möglichen Firmen aus der Baubranche, für die jedoch sein Spezialgebiet nicht bekannt war.

Auftragsgewinnung für Beton/Schalungstechnik

Diplom-Ingenieur im Bauwesen, 45, bietet ausgereifte Erfahrung in der Schalungstechnik, Betonverarbeitung und vor allem in der Kundenbetreuung. Kenntnisse in Bauabwicklung, Kalkulation, Schulung.

Stärken: Schalungseinsatz im Tief-, Hoch- und Brückenbau; Neukundengewinnung.

Ich suche eine leitende Aufgabe in einem mittelständischen Bauunternehmen. Bitte schreiben Sie mir unter 4712 an die VDI-Nachrichten.

Muster 1 Stellengesuch Klöber

Obwohl mit dieser Anzeige wesentlich weniger potentielle Arbeitgeber angesprochen wurden, war die Nachfrage nach seiner Spezialleistung dennoch sehr hoch. Dies ist auf einen psychologischen Effekt zurückzuführen: Einem normalen Bauingenieur schreibt man normale Leistungen zu, einem Spezialisten für Auftragsgewinnung traut man jedoch mehr als das Übliche zu. Somit hat diese Anzeige eine höhere Anziehungskraft. Unternehmen, die an diesem Thema interessiert sind, sind fast gezwungen, auf diese Anzeige zu reagieren.

Die Erfahrung, daß solche spezialisierte Stellengesuche auf eine größere und intensivere Nachfrage treffen, ist mittlerweile durch eine Fülle analoger Fälle bestätigt worden. Ingenieure, die sich im Bewerbungsfalle breitgefächert anbieten, werden weniger gesucht. Gesucht werden auch keine Generalisten, vielmehr Fachleute, die ein spezielles Thema besser beherrschen als andere.

Die neue Bewerbungsstrategie von Klöber
1. Er bewarb sich nicht wahllos wie bisher auf die Angebote von Bauunternehmen mit ihren unterschiedlichen Vorstellungen und Ansprüchen.
2. Klöber bot sich nicht mehr als Standard-Bauingenieur, sondern als Spezialist für ein spezielles Thema an.
3. Klöber ahmte nicht andere Spezialisten nach, sondern bot eine eigenständige differenzierte Eignung an.
4. Er testete mit dem Stellengesuch den Bedarf der Branche mit relativ geringem Aufwand. So konnte Klöber rasch erkennen, ob die Spezialisierung Erfolg hat oder nicht.
5. Wäre diese Anzeige nicht erfolgreich gewesen, hätte man eine noch deutlichere Differenzeignung von ihm herausarbeiten und testen müssen.

Die Folgen dieses neuen Konzeptes:
Klöber traf bei Bewerbungsgesprächen auf keine Konkurrenz, denn es meldeten sich nur Bauunternehmer, die wirklich das Problem hatten, ihre Kundenbeziehungen zu stabilisieren und auszuweiten.

34   So kam es in Bewerbungsgesprächen nicht auf seine allgemeinen bautechnischen Kenntnisse an, sondern darauf, wie er bei der Akquisition vorgeht. Und in diesem Punkt konnte er glänzen.

Umgedrehtes Machtverhältnis:
Bisher hatte Klöber bei seinen Bewerbungen stets mit anderen Bewerbern konkurriert. Dieses Mal bewarben sich mehrere Arbeitgeber bei ihm. Er konnte sich schließlich zwischen vier Angeboten das beste heraussuchen und brauchte im Gehalt nicht nachzugeben. Er konnte sein Einkommen vielmehr um 15 % verbessern.

Übereinstimmung der Interessen:
Die Interessenlage der Interviewpartner bei Bewerbungsgesprächen stimmte von vornherein besser mit seinen Fähigkeiten überein. Gespräche wurden intensiver und konkreter geführt – man entschied sich schneller, ob die Bewerbung weiter geführt werden kann oder nicht.

Die psychologischen Verhältnisse:
Bei früheren Gesprächen war Klöber immer unsicher gewesen, ob er in die Endrunde käme und hatte somit einen psychologischen Nachteil. Dieses Mal konnte er viel stärker auftreten, da er eine Top-Leistung anbieten konnte, für die von vornherein eine gewisse Nachfrage vorhanden war. Er fühlte sich stärker respektiert, und die Bewerbungsgespräche fanden in einem echten Dialog unter Partnern statt.
Diese Art der Bewerbungsstrategie, sich im Arbeitsmarkt als Spezialist anzubieten, ist deutlich erfolgreicher, als sich im Sinne eines „me too"-Produktes verkaufen zu wollen. Der Kandidat muß nur tiefer nach seinen Stärken und Potentialen forschen, mit denen er sich gegenüber anderen Bauingenieuren deutlich abheben kann. Übrigens – was die Einarbeitung in der Probezeit betraf – hatte Klöber natürlich sehr schnell Fuß gefaßt, da er ja für ein Spezialgebiet eingestellt wurde, in dem er sofort etwas bewegen konnte .

2.3 Generalist versus Spezialist

Der Vorstandsvertrag von Dr.-Ing. Peter Scheibel, 51, wurde nicht verlängert. Das Zeugnis des Aufsichtsratsvorsitzenden lobte ihn in höchsten Tönen. Er suchte eine neue Aufgabe.

Zunächst wollte er die bisherigen Kontakte zu Personalberatern, Karriere- und Outplacementberatern, Geschäftsführern von Verbänden und Vereinigungen nutzen, um schnell eine neue Position zu bekommen. Er hatte noch neun Monate Zeit, etwas Neues zu suchen.

Er verstand sich als Generalist, der jedes Industrieunternehmen führen könne; auch als Alleingeschäftsführer. Unter diesem Motto war er bereit, Angebote zu prüfen und präsentierte sich bei allen Gesprächen als 'der Allrounder' für jegliches Unternehmen, für das er ins Gespräch kam.

Er hat im Laufe der Jahre das ganze Spektrum technischer und betriebwirtschaftlicher Aufgaben kennengelernt und erfolgreich praktiziert. Investitionsentscheidungen für Maschinen, Immobilien und Niederlassungen hatte Dr. Scheibel getroffen und Sanierungsfälle gelöst. In Vertrieb und Marketing, in Personalfragen und Informationstechnologie war er bewandert. Hauptversammlungen waren ihm ebenso geläufig wie internationale Verhandlungen. Kurz – er meinte, jegliche Führungsaufgabe erfolgreich bewältigen zu können.

Jedoch nach einigen guten Gesprächen mit renommierten Headhuntern merkte er, daß er zwar zu Endgesprächen kam, jedoch die „Goldmedaille" immer an andere ging. Die Nachfrage nach seinem Know-how war zudem nicht so groß wie erwartet. Vor allem wurde sein Name allmählich in größerem Kreis bekannt und somit 'verbraucht'.

Er fragte bei seinen Bekannten aus seinem Beziehungsnetzwerk nach, ob er etwas falsch mache, ob er sich falsch präsentiere. Er war ganz überrascht, als ihm das Feedback gegeben wurde, daß man heutzutage keine Generalisten suche, sondern Spezialisten auf hohem Niveau.

Beispielsweise war er mit vier anderen Bewerbern in die engere Wahl als Vorstandsvorsitzender eines größeren Maschinenbauers Er konnte zwar die besseren Führungsfähigkeiten demonstrieren, der

'Auserwählte' brachte jedoch Insiderkenntnis der Branche mit. Die Analyse zeigte, daß der Spezialist in der Branche gesucht wurde, der schnell in der neuen Materie eingearbeitet sein wird und eben die üblichen Management Instrumente beherrscht.

Dem Generalisten mit diversen Branchenerfahrungen traut man zwar allgemeines Führungs-Know-how zu, nicht jedoch den effizienten Einstieg in ein Unternehmen einer bislang nicht vertretenen Branche. Kurz – der Brancheninsider wird (Ausnahmen mögen Sanierungsfälle sein) vorgezogen.

Manche Berater hatten ihn auf diese Problematik schon hingewiesen, Dr. Scheibel jedoch sah den Generalisten als hochwertiger an. Nun begann er umzudenken: Generalisten sind breit, jedoch nicht tief angelegt, gesucht war das Gegenteil, nämlich Tiefe in der Branchenkenntnis.

Dieser Erkenntnis folgte mit externer Unterstützung die Strategieänderung in seinem Bewerbungskonzept. Er wartete nicht mehr, bis ein Unternehmen oder Headhunter an seine Türe klopfte, sondern sprach gezielt und direkt Unternehmen aus Branchen seiner bisherigen Berufserfahrung an. So konnte er nun in den Bewerbungsgesprächen viel besser glaubhaft machen, daß er anstehende Projekte besser als andere lösen kann, da er gleich Zahlen und Beispiele entwickeln konnte, die den Entscheidern vertraut waren. Er bot Ihnen gleichermaßen Führungskompetenz, Fachkompetenz und Branchenwissen.

Er baute mit der neuen, nämlich aktiven und spezialisierten Bewerbungsstrategie das Image auf, mit seinen Führungs- und Branchenkenntnissen der erfolgversprechendste Problemlöser für das jeweilige Unternehmen zu sein. Das führte dann relativ schnell zu zwei konkreten Angeboten aus derselben Branche.

Gelernt hat Dr. Scheibel daraus, daß sein Anspruch als Generalist Theorie ist und die Entscheider für das Topmanagement lieber einen Manager mit Insiderkenntnissen aus der Branche suchen.

Viele andere über 50 müssen diese Erfahrung machen, daß nicht das Breitenwissen, sondern Tiefgang die Marktchancen erhöhen. Den Managern über 40 sei ans Herz gelegt, ihre jetzige Branche nicht mehr zu wechseln, um mit '50 plus' bessere Marktchancen zu haben.

3. Karriere durch Existenzgründung

3.1 Existenzgründung als Ingenieur

Die Möglichkeiten für eine Existenzgründung sind sehr verschiedenartig:
- Übernahme eines bestehenden Unternehmens
- Gründung eines produzierenden Betriebs
- Gründung eines Dienstleistungsbetriebes, z.b. Montagebetrieb
- Gründung eines Servicebetriebes, z.b. Kanalreinigung
- Beratung, z.b. Ingenieurbüro
- Kooperationen, z.b. der Fall ESF in diesem Buch
- Management Buy In – der Einstieg in ein Unternehmen mit Eigenkapital
- Management Buy Out – Mitinhaber bzw. Mitgesellschafter werden
- Kompletter Kauf/Übernahme eines Betriebes
- Outsourcing – Übernahme/Kauf eines Teilbetriebes aus dem bisherigen Unternehmen
- Franchising – sich in ein Vertriebskonzept als Unternehmer einbinden lassen
- Partnerschaftsunternehmen, also Kooperationen oder Sozietäten begründen
- Pacht eines Betriebes usw.

Um die Fülle an formalen und inhaltlichen Möglichkeiten zu erfassen, müßte ein weiteres, dickes Buch geschrieben werden. Die Chancen sind vielfältig. Start-up-Programme für junge Ingenieure gibt es derzeit sehr viele. Jedoch gibt es auch eine Fülle von Insolvenzen der Existenzgründer.

Erfahrenen Ingenieuren dürfte es dagegen leichter fallen, eine Marktnische zu entdecken und erfolgreich zu besetzen, da sie mit jahrelanger Erfahrung beste Insider-Kenntnisse der Branche mitbringen. Letztere Aussage ist eine Anforderung an Existenzgründer:

Gehen Sie nicht in fremde Märkte, sondern nutzen Sie bestehendes Know-how und bauen Sie dieses aus.

Was ist eigentlich das Faszinierende daran, sein eigener Chef zu sein? Bringt dies nicht nur Probleme, Sorgen und Mehrarbeit? Vielleicht. Aber es beinhaltet vor allem auch die Chance, eigene Ideen zu verwirklichen und dafür belohnt zu werden, wenn diese Ideen vom Markt angenommen werden und sich in der Bilanz als Gewinn ausweisen.

Existenzgründungen kommen für diejenigen in Betracht, die immer schon selbständig werden wollten; manchmal auch für die, die aus mangelnden Alternativen des Arbeitsmarktes gezwungen sind, den Sprung in die Selbständigkeit zu wagen. Der Wechsel vom Angestellten zum Unternehmer kann sich auch dann lohnen, wenn das Ende der Karriereleiter erreicht ist. Statt in Unternehmen in Routine „alt" zu werden, können neue Herausforderungen angenommen werden.

Die Schwierigkeiten, denen man bei einer Unternehmensgründung begegnet, werden häufig überbewertet. Manche Ingenieure empfinden den Schritt zum freien Unternehmertum als zu gewagt. Dabei liegt hinter dem Ziel der Selbständigkeit nichts anderes als das Ziel, die bisherige Tätigkeit in einem anderen, freien und selbstverantwortlichen Rahmen fortzusetzen.

Viele Führungskräfte scheuen sich, mit geringen Mitteln völlig neu anzufangen oder empfinden dies als sozialen Abstieg. Der Grund ist nur zu häufig eine materialistische Denkweise: Man ist an das regelmäßig fließende hohe Einkommen gewöhnt; ein bescheideneres Leben mit etwas anderen Wertigkeiten kann man sich nicht vorstellen. Viele leben auch über ihre Verhältnisse und haben nichts „auf der hohen Kante". Mit der materiellen Abhängigkeit legt man sich geistige Fesseln an. Das Prinzip, lieber bei einer inneren Kündigung „zu versauern" als sich freizuschwimmen, kann allerdings die eigene wirtschaftliche Sicherheit nachhaltig gefährden.

Nutzwertanalyse
Der Unabhängigkeitswille und eine unternehmerische, marktlückenorientierte Idee sind wichtige Voraussetzungen für die Existenzgrün-

dung. Das wichtigste bei der Existenzgründung ist die Nutzwertanalyse: Wem bringe ich mit meiner Geschäftsidee einen hohen Nutzen? Und welche Bedarfslücke steuere ich an, aus der die unternehmerische Leitidee entwickelt wird.

Nur wer ein konkretes Nutzenangebot für eine bestimmte Zielgruppe im Auge hat, kann überhaupt erst ein strategisches und kaufmännisch gutes Konzept entwickeln. Dies geht am besten dann, wenn man nicht unter existenziellem Druck steht. Es empfiehlt sich daher, die Selbständigkeit mittelfristig und aus einem gesicherten Arbeitsverhältnis heraus vorzubereiten. So kann man prüfen, ob die unternehmerische Idee tragfähig genug für eine neue Existenz ist: Ist tatsächlich eine Marktlücke vorhanden? Wie wird sich die Zielgruppe demographisch entwickeln? Wie kann man die Zielgruppe erreichen, der Zielgruppe ein Angebot machen? Wie wird die Umsetzung der Idee in die Wirklichkeit finanziert? Wer kann dabei helfen? Sollte man nicht besser mit einem Partner zusammenarbeiten? Welche Partner kommen in Frage, welche Partnerschaftsformen? usw.

Aber auch wer keine eigene unternehmerische Idee hat, kann sich mit guten Erfolgschancen selbständig machen. Man kann die Leitidee anderer kaufen (Franchising), kooperieren oder sich beteiligen. Auch hier gilt es natürlich, genau zu prüfen, ob die Geschäftsidee tatsächlich tragfähig ist und ob man schließlich die Leistung wirklich besser als andere erbringen kann.

Grundsätzlich ist also in jedem Fall zu empfehlen, das Konzept einer Existenzgründung langfristig vorzudenken und zu erarbeiten. Man wird in der Anlaufphase manche Durststrecke zu überwinden haben, denn der Erfolg kann sich erst dann einstellen, wenn die Zielgruppe das Nutzenangebot erkannt und angenommen hat.

Wichtige persönliche Voraussetzungen, um sich selbständig zu machen, sind der Wille und die Fähigkeit, Verantwortung zu übernehmen. Eine weitere Voraussetzung ist die Akzeptanz längerer Arbeitszeiten. Keine Voraussetzung, jedoch ein Vorteil ist es, wenn der Lebenspartner die Existenzgründung unterstützt oder gar mitarbeitet.

Bitte prüfen Sie, ob Sie diese Anforderungen an Existenzgründer erfüllen:
- Habe ich eine nischenorientierte Geschäftsidee?
- Bin ich risikobereit?
- Bin ich für Veränderungen meiner Tätigkeit und meines beruflichen Umfelds aufgeschlossen?
- Bin ich arbeitsmäßig überdurchschnittlich belastbar?
- Bin ich in der Lage, erste Mißerfolge zu verkraften?
- Bin ich gesund und fit?
- Habe ich eine optimistische Einstellung?
- Kann ich zielorientiert handeln (Zeitmanagement)?
- Bin ich entscheidungsfreudig?
- Bin ich kontaktstark, kann ich auf die Kunden zugehen?
- Kann ich gut organisieren?
- Kann ich Menschen führen, Aufgaben delegieren?
- Kann ich aus Fehlern lernen, um mein Konzept zu verbessern?

3.1.1 Existenzgründung als Unternehmensberater

Hartmut Zecher, 55 Jahre, ist Ingenieur aus dem Bereich Maschinen- und Anlagenbau und hat spezielle Kenntnisse in der Auftragsabwicklung und Auftragsverfolgung von Auslandsgeschäften, insbesondere Fernost. Die Stärke von Zecher liegt im Auftragscontrolling, d.h. in der Überwachung der Auftragsabwicklung, Vermeiden von Lieferverzögerungen mit den kostspieligen Konsequenzen von Konventionalstrafen und Gerichtsprozessen. Sein Spezialgebiet war die sichere, pünktliche und zufriedenstellende Auftragserledigung im Ausland.

Seine verschiedenen Anfragen (Zielgruppen-Kurzbewerbung/ Anzeigen) bei Unternehmen des Maschinen- und Anlagenbaues brachten ihm wegen seines Alters keine Aussichten auf ein neue Position. Nachdem auch keine Aufgaben im Interims-Management akquiriert werden konnten, entschied er sich nach langen und intensiven Überlegungen für die Selbständigkeit als Unternehmensberater.

Sich selbständig zu machen bringt nur dann Erfolg – wie oben erwähnt –, wenn man einen Nutzen für eine eng umrissene Zielgruppe entwickeln und dann anbieten kann. Folgende Maßnahmen wurden vorgeschlagen:

41

CHECKLISTE
Entwicklungsstufen Beratungsgeschäft

1. Zusammenarbeit mit entsprechenden Vereinigungen und Verbänden, z.B. VDMA (Verband deutscher Maschinenbau-Anstalten), erste Kontaktanbahnungen.
2. Kooperation mit diesem Verband, Adressbeschaffung von Mitgliedern, Mitwirkung bei Seminaren und Workshops, z.B. zum Thema 'Auslandsgeschäfte'.
3. Kontaktaufnahme zu Unternehmen des Maschinen- und Anlagenbaues kleiner und mittlerer Größe, um zwei oder drei Beratungsprojekte durchführen zu können. Diese Projekte werden kostenlos für die Unternehmen gemacht, um überhaupt Erfahrung als Unternehmensberater sammeln zu können, um von den Unternehmen akzeptiert zu werden und um anschließend Referenzen zu erhalten.
4. Anhand der durchgeführten Beratungsleistungen folgt die Entwicklung von Fallstudien (mit Vorher-/Nachher-Effekt), sowie die Erstellung von Folien und Präsentationsunterlagen für spätere Akquisitionen.
5. Aufgrund der durchgeführten Beratungen werden dem künftigen Unternehmensberater klar, welches die Problembereiche der Kunden sind, welche Art von Beratung gebraucht wird und wie er seine Leistung als Spezialität anbieten kann. Nun sind auch Briefbögen und Visitenkarten zielgruppen- und themengerecht zu gestalten.
6. Aufgrund der gesammelten Erfahrungen und guten Leistungen erhält der Unternehmensberater die ersten Referenzen. Er kann sie für Vorträge oder Seminare verwenden und entsprechende Akquisition betreiben.

7. Die Fallstudien werden als Aufsätze in Fachzeitschriften veröffentlicht; damit werden sie in der Zielgruppe verbreitet und
   bekannt gemacht und können wiederum für Akquisitionszwecke
   genutzt werden.
8. Mit den Referenzen, Fallstudien, Präsentationsunterlagen und
   dem Fachartikel hat der potentielle Unternehmensberater alle
   vertrauenbildenden Maßnahmen abgeschlossen bzw. vorbereitet,
   um nun gezielt Werbung durchführen zu können.
9. Konkrete Auftragsakquisition: Durchführung von Seminaren in
   Kooperation mit den Fachverbänden, die die entsprechende Zielgruppe einladen. Vor dieser Zielgruppe kann der Berater seine
   Kompetenz zeigen, entsprechenden Nutzwert darstellen und
   somit neue Aufträge erhalten.

Dieses Arbeitsprogramm dauerte sieben Monate und führte zu
ersten, konkreten Aufträgen. Heute ist Zecher in seiner Branche als
Spezialist bekannt.

Ein solches 9-Punkte-Programm kann auch in anderen
Geschäftsfeldern durchgeführt werden. Voraussetzung aller
Bemühungen ist, daß der Unternehmensberater keine breite Ange-
botspalette, sondern eine Spezialität mit einem hohen Nutzwert
anbietet. Diese hier aufgezeigte Methodik ist nicht nur in der Metall-
branche, sondern auch in der Baubranche, als Entwicklungsinge-
nieur oder Naturwissenschaftler anwendbar.

Als Existenzgründer empfiehlt es sich grundsätzlich, sich an den
Engpässen seiner Zielgruppe zu orientieren und das eigene Leistungsangebot „spitz" auf die Lösung dieser Engpässe zu konzentrieren.

3.1.2 Existenzgründung mit Kooperationspartnern

ESF heißt das Unternehmen. Kaum jemand kann sich unter dieser
Abkürzung eine Gesellschaft für Hebe- und Handhabungstechnik in
einer schwäbischen Kleinstadt vorstellen. ESF, diese 3 Buchstaben
sind die Abkürzung der Nachnamen von drei erfahrenen Ingenieuren im Alter zwischen 45 und 55 Jahren. 1995 wurden sie – alle Ent-

wicklungsingenieure – zusammen mit rund 140 Kollegen entlassen.
Sie standen vor dem Nichts.
Heute sind sie Geschäftsführer ihrer eigenen Gesellschaft ESF.
Unter dem Druck der Verhältnisse – entweder langfristig arbeitslos
oder durchstarten – haben die unfreiwilligen Unternehmer inzwi-
schen eine innovative Firma aufgebaut und mehrere Arbeitsplätze
geschaffen. Mit Abfindung, Existenzgründungshilfen und Darlehen
brachten sie 200.000 DM Startkapital zusammen. Davon hätten sie
jedoch keine eigene Produktion aufbauen können. In Kooperation
mit einem bekannten Unternehmen fanden sie einen Produktions-
partner für ihre neuen Lastentragegeräte, die innovativ und kosten-
günstig eine Marktlücke abdecken. 1996 hatten sie mit ihrem Ent-
wicklungsbüro im Privathaus des einen Existenzgründers begonnen.
Dann mieteten sie sich bei ihrem Kooperationspartner in dessen
Räumen ein. Eine Ideallösung: Sie hatten damit den direkten Zugang
zur Produktion, mußten keine Maschinen kaufen und konnten die
Entwicklungsvorgänge und Nullserien optimal beeinflussen. Nach
kurzer Zeit schon nahmen sie einen vierten Mitgesellschafter in
ihren Kreis auf, der sich schwerpunktmäßig um den Vertrieb küm-
merte.
   Die von ihnen entwickelten Handhabungsgeräte sind echte
Balancer – nämlich äußerst leicht und sicher zu bedienende Lasten-
tragegeräte. Sie erleichtern mit neu entwickelter Hebetechnik, die
Einzelteile bis zu 100 kg Gewicht fast schwerelos heben kann, deut-
lich die Arbeit am Fließband, in der Produktion, der Montage, im
Lager und Versand und sind überall einsetzbar. Heute liest sich die
ESF-Kundenliste wie das Who-is-Who der Automobilbranche:
AUDI, VW, OPEL, Mercedes, Smart, Ford usw.
   Mittlerweile haben sich die Existenzgründer etabliert und stellen
auf der Hannover Messe aus. 1999 werden über 3 Millionen DM
Umsatz erreicht. Dank der genialen Entwicklungsidee und des boo-
menden Automobilmarktes wurde dieses "Unternehmen" zu einem
großen Erfolg.
   Existenzgründer F. meint zu seiner Selbständigkeit, daß bislang
wenig Freizeit übrig blieb. Er ist jedoch stolz auf das Erreichte und

dankbar, daß die Familie voll mitgearbeitet und das Projekt unterstützt hat.

Dieses Beispiel zeigt, daß eine Existenzgründung einfacher zu ralisieren ist und eher zum Erfolg führt, wenn man sich mit Partnern, also Kollegen zusammenschließt bzw. mit anderen Firmen kooperiert.

3.2 Management Buy Out (MBO)

Manager kaufen die goldene Freiheit – so die Schlagzeile in manchen Management-Zeitschriften zum Thema Management Buy Out. Immer mehr Manager steigen selbst in die Rolle des Unternehmers und damit in die Rolle des Inhabers. Sie tragen damit viel persönliches Risiko. Beispielsweise kauften Belegschaft und Manager ihre Firma, den Werkzeugmaschinenhersteller Ex-Cell-O GmbH von einem US-Konzern und wandelten die Firma in eine Aktiengesellschaft um.

Unter MBO bezeichnet man die Übernahme (Kauf) eines Unternehmens durch das in dem Unternehmen tätige Management, oder wie erwähnt, durch die Belegschaft. Dies kann als Übernahme eines gesamten Unternehmens oder eines Unternehmensteils, das ausgegliedert wird, erfolgen. MBO geschieht häufg dann, wenn Umstrukturierungen des Unternehmens notwendig werden, wenn das Unternehmen verkauft werden soll oder bei Abwehrmaßnahmen gegen aus der Sicht des Managements unerwünschte Unternehmensübernahmen.

Buy-Out-Aktivitäten finden statt, ehe Unternehmen geschlossen werden, wenn kein Nachfolger in Sicht ist oder im Sanierungsfall. Auch bei Unternehmen, die vor dem Konkurs stehen oder bei Familien-Unternehmen, bei denen kein Nachfolger bereit steht oder die Familie nicht mehr bereit ist, zusätzlich Kapital bereitzustellen, haben sich Führungskräfte entschlossen, das Unternehmen zu übernehmen und in eigener Regie weiterzuführen oder auch zu sanieren. Dadurch wird der Angestellte zum Unternehmer.

Eine andere Aufgabe, die oft von erfahrenen Ingenieuren ab dem
Lebensalter von 50 Jahren übernommen wird, ist die als Interims-
Manager, bei dem sich Ingenieure zeitbegrenzt (ein halbes Jahr oder
länger) als Manager zur Verfügung stellen; Beispielsweise bei Notfäl-
len, wenn ein Unternehmer krank wurde und keine Führungskraft zur
Stelle ist, oder für Sonderaufgaben, für die keine geeigneten Mitarbeiter zur Verfügung stehen. Entweder bekommt man einen Zeitvertrag
als Leitender Angestellter oder i.d.R. einen Beratervertrag. Wenn man
gute Arbeit leistet, ist es schon mehrfach vorgekommen, daß solche
Interims-Manager einen Dauervertrag im nachhinein erhielten oder
sich an dem betreuten Unternehmen beteiligen konnten.

3.3 Management Buy In (MBI)

Kommt ein Unternehmen in finanzielle Schwierigkeiten, werden
erfolglose Manager schnell entlassen, oder jene suchen sich frühzei-
tig andere Aufgaben. Dann steht das Unternehmen führungslos da.
Eine andere Problematik ist die Nachfolgeregelung, die häufig nicht
rechtzeitig gelöst wird. Dies ist die Chance für MBI: Der Einstieg
eines Außenstehenden in das Unternehmen, der Kapital mitein-
bringt und in die Geschäftsführung einsteigt.
    Hier ist ein Beispiel für ein erfolgreiches Management Buy In
(MBI) aus dem Sondermaschinenbau:
    Unternehmer M., 62, sucht einen Nachfolger bzw. eine fähige
Führungskraft, die bereit war, das Unternehmen weiterzuführen.
Eine Anzeige wurde geschaltet, auf die sich 22 Interessenten, 5 Unter-
nehmensmakler und zwei Kreditinstitute meldeten. Unter den Interessenten befand sich ein 40jähriger Ingenieur, der mitsamt seinem
Vorerbe 750 TDM als Eigenkapital aufbringen konnte. Mit der Hausbank des Unternehmers konnte die Finanzierung des Kaufpreises
von 5 Mio. DM sichergestellt werden. Der Nachfolger, der natürlich
fachlich wie persönlich zum Unternehmen paßte, kaufte sich in das
Unternehmen ein. Der Alt-Unternehmer bekam einen Beratungs-
vertrag für die Übergangsbetreuung, nämlich für die Einführung

46

des neuen geschäftsführenden Gesellschafters bei den Kunden. Die Nachfolgeproblematik wurde durch MBI gelöst.

Alternativ hätte der Unternehmer auch seine Mitarbeiter zu einer Beteiligung und Übernahme überreden können, was dann ein MBO-Verfahren gewesen wäre.

MBI bedeutet das Einkaufen in ein bestehendes Unternehmen als Mehrheitsgesellschafter oder 100 %iger Inhaber. Der Vorteil liegt darin, daß in einem funktionierenden Unternehmen die Anlaufzeit wie bei einer Existenzgründung vermieden wird. Wenngleich das Risiko der Startphase entfällt, muß ein Engagement mit MBI gut vorbereitet werden.

Peter S. (52) konnte seinen Job als Werkleiter, den er soeben durch Konkurs des bisherigen Arbeitgebers verlor, direkt als Firmeninhaber einer kleinen Unternehmung in der Betonteilefertigung fortsetzen – dies jedoch mit einem Zeitverzug von einem halben Jahr. Denn in eine Firma unternehmerisch einzusteigen, braucht Zeit; Zeit für die Kontaktanbahnung, Ermittlung des Kaufpreises und Prüfung der Zukunftssicherheit des zu kaufenden Unternehmens, Planung der Finanzierung usw. Oft dauert der Erwerbsprozeß ein ganzes Jahr oder länger.

Vom Angestellten zum Unternehmer – Voraussetzungen
Voraussetzungen für ein Engagement als Firmenkäufer sind vor allem unternehmerisches Denken, fachliches Können, gute Branchenkenntnisse aus dem Geschäftsfeld, in dem das zu übernehmende Unternehmen tätig ist, sowie Eigenkapital. Unternehmertalent beinhaltet u.a. die Fähigkeit, Mitarbeiter führen zu können und außer dem operativen Geschäft die internen Kennzahlen und Zahlen einer Gewinn- und Verlustrechnung (Budgetierung) zu verstehen.

Vom persönlichen Fachwissen ausgehend wird die Branche definiert, aus der man Unternehmen für die Übernahme sucht. In fach- oder branchenfremde Unternehmen zu investieren wird in der Regel zum Fehlschlag. Über Geschäftszweck und Zahlen hinaus ist besonders die bisherige und künftige Firmenstrategie zu prüfen: die besonderen Stärken des zu erwerbenden Unternehmens, seine erfolgversprechendste Zielgruppe und das künftige Erfolgspotential.

Die Kapitalkraft des MBI-Kandidaten   47
Das vorhandene Eigenkapital bildet die Grundlage für die Überlegung, wie groß das Unternehmen vom Kaufpreis und/oder der Umsatzgröße sein kann. Drei Spielarten seien hier beispielhaft erwähnt:

Fall 1:

Ingenieur S. hat 100 TDM an Eigenkapital. Sein Kreditinstitut ist bereit, beim Kauf eines Unternehmens mit positiver Rendite 500 TDM als Darlehen bewilligen. Damit könnte S. ein Unternehmen oder Unternehmensanteile für einen Kaufpreis von 600 TDM erwerben – mit einer Umsatzgröße von z.B. 2 Mio. DM. Ein kleiner Fisch – jedoch geeignet, z.b. einen Handwerksbetrieb zu übernehmen oder ein viel größeres Projekt mit Sanierungsaufgabe.

Fall 2:

Paul-Reiner M. hat eine Sportgerätefabrik mit 8 Mio. DM Umsatz von einem Sequester übernommen, der ihm das Unternehmen für 200 TDM einschließlich Schulden übertrug. Durch die Branchenkenntnis, Fähigkeit zur Sanierung und Mitwirkung der Banken hat der Erwerber das Unternehmen in kurzer Zeit reorganisieren und schuldenfrei machen können, so daß er jetzt 3 % Umsatzrendite in einer Größenordnung von 250 TDM erzielt – sein Geschäftsführergehalt davor schon abgezogen.

Fall 3:

Christian G. konnte dank Erbschaft 800 TDM auftreiben und ein spezialisiertes Unternehmen der Textilbranche für den Kaufpreis von 6 Mio. DM übernehmen, wobei die Finanzierung über mehrere Jahre gestreckt wurde. In einem anderen Fall bezahlte der MBI-Kandidat dem 65jährigen Eigentümer eine Rente aus dem laufenden Ertrag, ohne groß Eigenkapital mitzubringen.

So gibt es eine Vielzahl von Einstiegsmodellen – je nach Finanzkraft des MBI-Kandidaten, möglicher Zuschüsse und Kredite. Hingewiesen sei in diesem Zusammenhang auf die diversen Existenzgründungsbörsen beim DIHT (Deutscher Industrie- und Handelstag, Bonn) und seinen angeschlossenen Industrie- und Handelskammern, und wie die untenstehende *Abb. 5* zeigt, über den VDI.

Betriebsübergabe

Nachfolger-Börse im Internet

VDI nachrichten, 30. 10. 98 –
Sie sind Unternehmer, denken ans Aufhören und suchen einen Nachfolger? Oder Sie wollen als Nachfolger selbst einen Betrieb übernehmen? Dann helfen Ihnen die VDI nachrichten und die Management- und Personalberatung (Düsseldorf): Mit der Aktion Betriebsübergabe knüpfen Sie Kontakte zu Unternehmern und potentiellen Nachfolgern.

Und so funktioniert die Aktion: Wer seinen Betrieb in die Hände eines Jüngeren legen will, schickt der Redaktion Angaben zum Unternehmen (Branche, Produkte, Umsatz, Mitarbeiter). Wer einen Betrieb übernehmen will, sollte uns einen kurzen Lebenslauf schicken (Alter, Ausbildung, wichtigste berufliche Stationen). Die Anschrift: VDI nachrichten, Christel Bender, Heinrichstraße 24, 40239 Düsseldorf, Fax:

0211/6188–301, E-Mail: cbender@vdi-nachrichten.com
Diese Angaben werden, **anonym** und nur mit einer Kennziffer versehen, auf der Web-Seite der VDI nachrichten im Internet veröffentlicht (http://www.vdi-nachrichten.com.

Unternehmer oder Nachfolger, die Kontakt aufnehmen wollen, wenden sich unter Angabe der Chiffre direkt an die Management- und Personalberatung (Tel. 0211/490016/17, Fax: 0211/490018), E-Mail: info@job-agentur.de).

Dort wird in einem ersten Schritt zunächst abgeklärt, ob die Interessenten auch zusammenpassen. Damit wird größtmögliche Diskretion gewährleistet, weil nur solche Partner in Kontakt treten können, bei denen es auch eine Chance auf eine erfolgreiche Betriebsübergabe gibt.   has

Abb. 5 Hinweis Nachfolgebörse in den VDI 31.10.1998

Sich an einem Unternehmen per MBI zu beteiligen ist eine hervorragende Chance, den eigenen sowie Arbeitsplätze eines Unternehmens zu sichern und auszubauen. Der Einstieg ins Unternehmertum sollte jedoch von fachkundigen Beratern begleitet sein. Zu diesen gehören – je nach Problemstellung – Unternehmensberater, Rechtsanwälte, Steuerberater, Kreditinstitute, Verbände, IHKs und nicht zuletzt der Ehe-/ Lebenspartner zur Unterstützung des gemeinsamen Engagements.

3.4 Outsourcing

Outsourcing bedeutet, einen Leistungsbereich eines Unternehmens aus wirtschaftlichen Gründen von innen nach außen zu verlegen, also in ein eigenständiges Unternehmen umzuwandeln. Nehmen wir als Beispiel einen Verlag. Die Kernkompetenz des Verlags liegt in der redaktionellen Ausrichtung auf eine spezielle Zielgruppe, der Autorengewinnung und der Vermarktung seiner Bücher. Die Kosten der eigenen Hausdruckerei steigen, da die Auslastung nicht optimal gewährleistet werden kann. Als der Verlag beschließt, seine Hausdruckerei auszugliedern, ist der Leiter der Druckerei, Hans Mehring, 51 Jahre, sofort bereit, diese Druckerei in Zukunft als selbständiger Unternehmer zu führen. Er wird den Verlag weiterhin wie bisher beliefern und erhält zudem eine Auslastungsgarantie für die nächsten 2 Jahre.

So kann Outsourcing aus Angestelltensicht eine relative einfache Lösung sein, sich risikolos – nämlich mit einer hohen Auslastungsquote – selbständig zu machen. Aus Unternehmersicht bedeutet diese Schlankheitskur, sich besser auf die Kernkompetenzen konzentrieren zu können und dennoch eine sichere Zulieferquelle zu haben. Durch einen bisher verdienten Mitarbeiter ist dies eine optimale Lösung.

Die Unternehmen, die ein Outsourcing-Projekt angehen wollen, werden genau prüfen, wo Verzettelungspotentiale bestehen, also Geschäftsbereiche entstanden sind, die wirtschaftlich in anderen Händen kostengünstiger als im eigenen Hause durchgeführt werden können. Diese Potentiale können neben der beispielhaft aufgeführten Hausdruckerei, die Wäscherei in Hotels oder gar der Fuhrpark, der an eine Spedition abgegeben oder an einen Mitarbeiter 'outgesourct' wird, sein.

Bei einem richtig ausgeführten Outsourcing-Projekt geht es nicht nur darum, das Unternehmen effizienter zu machen, sondern über das Outsourcing-Projekt sogar eine bessere und günstigere Zulieferleistung als bisher zu bekommen, und zwar kostenmäßig und qualitativ. Dies ist grundsätzlich dadurch möglich, daß der Übernehmer des Outsourcing-Projekts mit Zusatzaufträgen bei anderen Firmen die Aufgaben in größeren Stückzahlen und/oder mit besserer Qualität durchführen kann.

Beispiel für einen gelungenen Outsourcing-Fall
Willi Krayer, 52, ist als Diplom-Bauingenieur in einem Großunternehmen der Unterhaltungsbranche in der Bauabteilung tätig. Seine Spezialität ist die Gestaltung von Messeständen für 6 große Messen in Deutschland und Österreich. In den letzten Jahren hatte er sich mühselig in die CAD-Anlage eingearbeitet und war somit einer der wenigen Fachleute, die die Räume dreidimensional und farbig gestaltet zeichnen und präsentieren konnte. Darüber hinaus konnte er auch die Bauabwicklung auf den Messen gut leiten.

Die Geschäftsstrategie seines Unternehmens wurde im Bereich Vertrieb dahingehend geändert, sich nur noch auf 3 große Messen in Deutschland zu konzentrieren. So wurde der Bereich Messebau überprüft und man beschloß, den Bereich Messegestaltung auszugliedern. Die Vertriebsleitung sprach Willi Krayer an, ob er den Bereich Messegestaltung und Messebau als Outsourcing-Projekt übernehmen wolle. Nach längerem Überlegen, auch mit seiner Frau, stimmte er dem Konzept zu und übernahm selbständig den Bereich Messegestaltung und Messebau. Das Unternehmen garantierte ihm im ersten Jahr eine 100 %ige Auslastung, im zweiten Jahr eine 70 %ige und im dritten bis fünften Jahr 50 % an Auslastung bzw. als Honorargarantie.

Ein Jahr durfte er das Büro im jetzigen Unternehmen nutzen und mit der ihm angebotenen Abfindung konnte er sein Büro zu Hause entsprechend ausstatten. Er führte eine Werbeaktion bei anderen Unternehmen durch, die ihm nach kurzer Zeit Zusatzaufträge für den Bereich Messebauten brachten. Willi Krayer, jetzt 54 Jahre, hat den Schritt nicht bereut und ist mittlerweile für 4 Unternehmen im Messegeschäft tätig. Alle haben einen Vorteil durch die Ausgliederung dieses Arbeitsbereiches aus dem Unternehmen: Das Unternehmen hat einen verläßlichen Partner für den Messebau, der bisherige Mitarbeiter verdient deutlich mehr Geld als vorher. Die hinzugewonnen Unternehmen wissen, daß Krayer kein Anfänger ist, sondern hervorragende Leistung bringt.

3.5 Franchising

Eine weitere Spielart, sich selbständig zu machen, ist der Einstieg in ein Franchisekonzept. Der Begriff Franchise (aus dem Französischen kommend) bedeutet ein Lehen, sozusagen eine Existenzberechtigung. Das Franchising ist eine Lizenzierungsform. Der Eigentümer einer Geschäftsidee (Franchisegeber) überträgt dem Geschäftspartner (Franchisenehmer) das Recht, ein Produkt, ein Verfahren oder eine Dienstleistung zu vermarkten. Typisch dabei ist, daß es sich meist um Markenzeichen handelt. Dem Franchisenehmer wird in der Regel die regionale Exklusivität eingeräumt, der Franchisegeber steuert aber die Werbung, PR und den Vertrieb. So räumt der italienische Modekonzern Benetton seinen Franchisenehmern, d.h. den autorisierten Einzelhändlern, das Recht ein, Benetton Kleidung und Acessoires zu verkaufen. Die Gestaltung des Geschäfts ist vorgeschrieben, die Werbung steuert Benetton.

Weitere Beispiele für Franchisesysteme in Deutschland sind: Mc Donalds, QUICK-SCHUH, PORTAS, Optima Dachbegrünung, Mini Bagno, Parkett-Studio, Musikschule Fröhlich, Biffar Haustüren, REWE u.a.

Der Franchisevertrag bietet die Chance, einem größeren Unternehmen anzugehören, als der Vertragspartner es selbst als Einzelkämpfer je aufbauen könnte, und dennoch selbständig zu bleiben.

52

Ganz so einfach, daß man jetzt nur noch gut verkaufen müßte, sind Franchisekonzepte natürlich nicht. Auch hier muß man besser sein als andere, denn der Franchisenehmer hat zu den üblicherweise anfallenden Kosten auch noch die Franchisegebühr zu bezahlen. Bevor man sich in ein solches Konzept einkauft, muß man – wie immer – prüfen, ob eine tragfähige unternehmerische Idee zugrunde liegt, ob eine gute Strategie entwickelt ist, ob man in eine Lücke stößt, welcher Nutzen für die Beteiligten (Kunden, Franchisegeber und Franchisenehmer) damit verbunden ist.

Auch in der Baubranche, enger gefaßt, im Baunebengewerbe, gibt es Franchiselösungen. Diplom-Ingenieur Ertel, 48, bemerkte, daß sein bisheriger Arbeitgeber Liquiditätsschwierigkeiten hatte. Er bereitete sich gedanklich auf einen Positionswechsel oder gar eine Selbständigkeit vor. Als Bauingenieur hatte Andreas Ertel zunächst Scheu, sich an ein Franchisesystem zu wenden. Er meinte, daß man im Rahmen eines Franchisekonzepts hauptsächlich verkaufen müsse und seine fachlichen Fähigkeiten eben nicht in der Führung eines Einzelhandelsgeschäfts lägen. Bis er bei der Franchisemesse in Essen auf das Unternehmen Getifix stieß, einem großen Dienstleister im Baunebengewerbe für die Reinigung und Sanierung von Fassaden.

Die Getifix Franchise GmbH hat ihren Sitz in Bremen, betreut von dort aus eine Vielzahl von Franchisenehmern in ganz Deutschland und macht in der Franchisegruppe einen Umsatz von über 100 Mio. DM. Ertel fand auf der Messe weitere Dienstleister aus dem Baunebengewerbe, so daß er allmählich beim Thema Franchising Mut zur eigenen Existenz schöpfte. Außerdem stellte er fest, daß es Geschäftsfelder gab, die zu seiner bisherigen Ausbildung und Berufspraxis paßten – eine sicherlich notwendige Voraussetzung zum Gelingen einer Franchiseübernahme.

3.6. Informationen für Existenzgründer

Zu Detailfragen gibt es genügend Hilfen und Literatur. Dies ist auch der Grund, weshalb hier nicht die zahlreichen Existenzgründungshilfen (zinsgünstige Darlehen, Kapitalbeteiligung, Eigenkapitalhilfen, Bürgschaften des Bundes und der Länder usw.) behandelt werden. Informationen zu diesen Punkten bietet jede IHK, Ihre Hausbank, insbesondere auch die Volksbanken und Sparkassen. (Tip: ein neues Franchise-Handbuch von Jürgen Nebel (Hrsg.): Das Franchise-System, Neuwied 1999).

Viele Verbände, Kammern, private und öffentliche Organisationen bieten Seminare zur Existenzgründung an. Nicht immer halten die Seminare, was der Katalog verspricht.

Die Qualität eines Seminars läßt sich an seinem Programm erkennen: ungenügende Seminare bieten nahezu ausschließlich Informationen zu Finanzierungsfragen an. So trug ein Referent gründungswilligen Zuhörern vor, daß das Hauptziel einer Existenzgründung eine gute Kapitalrentabilität sei. Genau das ist es nicht. Diese bankenorientierte Sicht dokumentiert plastisch, welche falschen Vorstellungen über die Rolle des Unternehmers in unserer Wirtschaftsgesellschaft existieren. Denn Gewinn ist Ergebnis, nicht Ziel unternehmerischen Handelns. Oder anders: Gewinn ist die Belohnung des Marktes (vgl. *Abb 6*).

Das Ziel für einen Existenzgründer ist es, eine bestimmte Leistung, von deren besonderer Qualität er überzeugt sein muß, ökonomisch sinnvoll zu vermarkten. Kurz: Einer speziellen Zielgruppe einen besonderen Nutzen zu bieten. Ist der Nutzwert hoch, dann ist die Zielgruppe bereit, einen hohen Preis zu bezahlen.

So empfiehlt es sich vor allem Seminare zu besuchen, in denen über die Finanzierungsfragen hinaus strategische Konzepte und Know-how zur Markterschließung vermittelt werden (u.a. EKS-Akademie, Obersulm bei Heilbronn, Tel. (07130) 450460).

Nutzen Sie auch die Franchise-Messen und Informationen des deutschen Franchise-Verbandes, Sitz in München. Hervorragende Informationen gegen geringes Entgelt bieten die Sparkassen, Volksbanken und mittlerweile auch Großbanken mit ihrem Computerservice und das World Wide Web.

Hier erhält man Daten über alle möglichen Geschäftsarten, vom Anlageberater bis zum Zwischenmakler, über deren Marktentwicklung, durchschnittliche Umsätze, Verdienstspannen usw. Ein ausführliches Gespräch mit der Hausbank kann sich lohnen, denn Kreditinstitute bieten nicht nur Know-how bei Finanzierungsproblemen, sondern aus der Kenntnis vieler Geschäfte auch Hinweise auf weitere Informationsquellen über spezielle Märkte. Die Kreissparkasse Göppingen bietet einen einmaligen Service mit einer auf Existenzgründungen spezialisierten Abteilung.

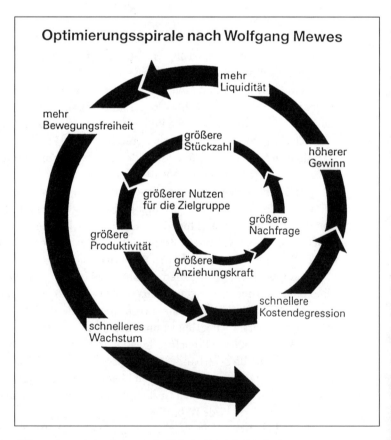

Abb. 6 Nutzwertsteigerung als Ziel, Gewinn als Ergebnis

4. Das alternative Bewerbungskonzept – die Aktivbewerbung

Warum Sie das Konzept der Aktivbewerbung brauchen
Wie schon erwähnt, bekommt immer nur ein Bewerber die Goldmedaille vom Unternehmen. Die Vielzahl anderer Bewerber, die sich auf dieselbe Stelle beworben hatten, haben das Nachsehen und sind frustriert. Muß dies so sein oder gibt es eine Strategie, mit der folgende Probleme besser gelöst werden können?

Sie haben auf der Suche nach einer vielversprechenderen Position wochenlang die überregionalen Tageszeitungen gewälzt und nicht die richtigen Aufgabenstellungen gefunden.

Stattdessen haben Sie nicht den verdeckten Stellenmarkt analysiert?

Sie haben sich schon mehrmals, vielleicht 60 Mal beworben, sind auch zu einem Vorstellungsgespräch eingeladen worden, bekamen jedoch nie die Goldmedaille.

Stattdessen können Sie mit einer besseren Strategie die Machtverhältnisse im Arbeitsmarkt umdrehen, so daß man sich um Sie bewirbt.

Sie haben unaufgefordert Bewerbungsunterlagen an Unternehmen versandt, sind dabei jedoch nur auf geringes Interesse gestoßen.

Stattdessen müssen Sie bei Ihrer Bewerbung den Nutzwert Ihrer beruflichen Leistungen besser darstellen.

Sie haben diverse Bewerbungsratgeber gewälzt, Ihre Bewerbungsmappe verbessert, werden aber im ersten Vorstellungsgespräch nach relativ kurzer Zeit wieder hinauskomplimentiert.

Ihre Präsentation bei Vorstellungsgesprächen ist verbesserungsfähig.

Diese und weitere Probleme sind mittels der aktiven Bewerbungsstrategie lösbar. Das richtige Know-how für eine erfolgreiche Bewerbung zeigen wir auf den folgenden Seiten.

Die aktive Bewerbungsstrategie

Bei der alternativen Bewerbungsstrategie wird der klassische Bewerbungsprozeß auf den Kopf gestellt: Statt mit 100 Bewerbern um eine Position zu streiten, sollte man besser 100 Unternehmen dazu bringen um einen Bewerber zu konkurrieren. Und zwar am besten um die eigene Person.

Das bedeutet den Abschied von einer mehr oder weniger zufallsgesteuerten Karriereentwicklung, die heute noch die Regel ist: Aus welchen Gründen auch immer man das Unternehmen wechseln möchte oder muß, man durchforstet solange die Stellenangebote in den Tageszeitungen, Fachzeitschriften oder das Internet, bis eine mehr oder weniger geeignete Position in die engere Wahl kommt (siehe *Abb. 7*). Die Bewerbungsmappe wird verschickt. Dann beginnt das Hoffen und Bangen um Vorstellungstermine bzw. -gespräche. Dann der Poker um Gehälter und Arbeitsbedingungen. Letztendlich hat man dann die Arbeitsplatzwahl mehr oder weniger dem Zufall überlassen.

Wir empfehlen jedoch die aktive Bewerbungsstrategie, mit der man den entgegengesetzten Weg geht. Nicht Fremdbestimmung, sondern Selbstbestimmung des Arbeitsgebietes, der Firmen bzw. der Regionen sind möglich. Der Weg dorthin sieht folgendermaßen aus: Mit Hilfe der Stärkenanalyse muß sich der Bewerber seiner Stärke und Problemlösungsfähigkeit bewußt werden, Berufsziele konkretisieren und schließlich aus eigener Initiative ein Unternehmen suchen, das diese Fähigkeiten dringend braucht und honoriert.

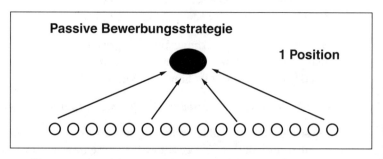

Abb. 7 Der Kampf der Bewerber um eine Arbeitsstelle

Dieses Verfahren sieht auf den ersten Blick recht vermessen aus:
Wer hält sich schon für so überdurchschnittlich qualifiziert, daß sich
die potentiellen Arbeitgeber regelrecht um ihn reißen? Es ist kein
Märchen, jedoch kann man mit der Aktivbewerbung selbst dann
bedeutend erfolgreicher werden, wenn man nur „durchschnittliche"
Leistungen bietet, und das auch in rezessiven Phasen. Der Schlüssel
zum Erfolg liegt in der Umkehrung der Machtverhältnisse.

Bei der gängigen Bewerbung (Reaktion auf ein Stellenangebot)
konkurrieren unter Umständen mehr als 100 Bewerber um eine
Position. Das Ergebnis ist eher zufallsgesteuert und für 99 Kandidaten unbefriedigend. Die Verhandlungsposition des Unternehmens
ist stark, die des Bewerbers schwach.

Die Direktansprache mehrerer Unternehmen über eine Zielgruppen-Kurzbewerbung stellt die Machtverhältnisse auf den Kopf
(*Abb. 8*). Der Bewerber kann sich in diesem Falle unter drei Angeboten das beste aussuchen (vgl. Stoebe 1993, S. 115).

Üblicherweise sind die Personalberater bzw. die Unternehmen
die „Mächtigeren". Denn sie haben die Wahlmöglichkeit und können
sich unter den guten Bewerbern den interessantesten Kandidaten
heraussuchen.

Bei der Aktivbewerbung mit diesem Verfahren gelingt es zumeist,
von 100 angeschriebenen Firmen das Interesse von 10 Firmen zu
bekommen. Das heißt, daß man bei exakter Vorarbeit Personalent-

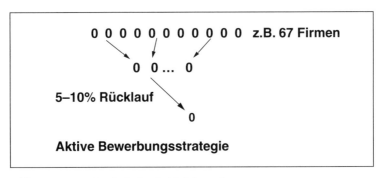

Abb. 8 Besseres Ergebnis durch Aktivbewerbung

scheider erreicht, die noch keine Anzeige öffentlich geschaltet haben, jedoch gerade jetzt oder mittelfristig einen neuen Mitarbeiter suchen. Man spricht hier von dem verdeckten Stellenmarkt (*Abb. 9*). Von den 10 Firmen werden vielleicht 5 Unternehmen nach dem Erhalt der Bewerbungsunterlage feststellen, daß die Bewerbung nicht den Erwartungen entspricht, 5 andere jedoch laden den Kandidaten zum Bewerbungsgespräch ein.

In dieser Situation hat der Bewerber eine viel bessere Machtposition gegenüber dem konventionellen Bewerber, da er zwischen mehreren Firmen auswählen kann, und zwar gleichzeitig. Er ist meistens der einzige Bewerber. Er hat bei den Bewerbungsgesprächen keine Konkurrenz und kann so ohne Druck die Gespräche führen. Auch

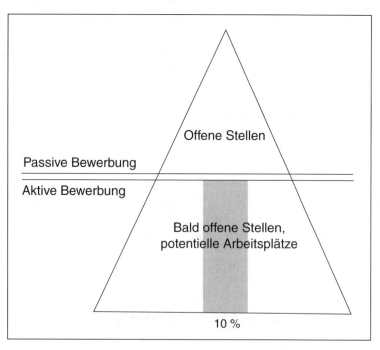

Abb. 9 Das Eisbergmodell des Personalbedarfs (nach Stoebe 1993)

hinsichtlich seiner Gehaltsvorstellungen muß er nicht fürchten, Abstriche machen zu müssen. Liegen ihm dann schließlich 2 oder 3 Anstellungsverträge vor, kann er sich das beste Angebot heraussuchen. Diese Idealmöglichkeit zu erreichen ist keine Theorie, sondern seit mehr als 20 Jahren geübte Praxis im deutschen Arbeitsmarkt.

4.1 Stellengesuch

Bewirbt sich ein Ingenieur auf Stellenangebote in Tages- oder Fachzeitschriften und anderen Medien, wie Bildschirmtext, T-Online und Internet, wird das Passiv-Bewerbung genannt. Es existieren drei Arten von Stellenangeboten
- offen, mit Nennung der Firmennamen
- halb-offen: das Stellenangebot über Personalberatungen oder andereVermittler, wie Anbieter von Jobbörsen
- Verdeckt: Chiffre-Anzeige

Bei allen Arten der Stellenangebote sollte der erfahrene Ingenieur nicht sofort seine komplette Bewerbungsmappe versenden, sondern vorher mit den angegebenen Personen oder Vermittlern, die in den Annoncen auftreten, telefonieren, ob die Bewerbung Sinn macht. Dabei ist zu klären, ob die Branche, die hierarchische Ebene und ggf. das Gehaltsniveau der ausgeschriebenen Aufgabe zu den Erwartungen paßt. Bei Chiffre-Angeboten ist es ratsam, zunächst nur mit einer Kurzbewerbung zu reagieren.

Wie schon erwähnt besteht die Gefahr, daß bei einem Stellenangebot bzw. einer Passivbewerbung eine Fülle von ähnlich qualifizierten Mitbewerbern dasselbe Unternehmen anschreiben. Die Chancen sind grundsätzlich weniger gut als bei der Aktivbewerbung.

Bei der Aktivbewerbung spielt das Stellengesuch neben der Zielgruppen-Kurzbewerbung eine zentrale Rolle. Auf Stellenangebote zu reagieren kostet fast nichts, ein Stellengesuch zu schalten jedoch 800 DM bis 1.200 DM. Solch eine Ausgabe muß wohlüberlegt sein. Deshalb müssen Stellengesuche richtig getextet und geschaltet werden, damit eine gute Resonanz eintritt. Hier folgen zwei Muster (*Abb. 10* und *11*), die zwar inhaltlich etwas aussagen, jedoch in der Headline keine Branche oder Funktion benennen. Den Titel Diplom-Ingenieur als wesentliches Element der Anzeige herauszustellen, dürfte insbesondere in den VDI-Nachrichten überflüssig sein.

Dipl.-Ing. (FH)

Auslandserf. Dipl.-Ing. (FH) sucht Anstellung oder freie Mitarbeit im Projektmanagement, Gutachteraufgaben im technischen Bereich und im Produktions-Ablauf.
Erarbeitung von Lösungskonzepten für klein- und mittelständische Unternehmen.
Berufl. Erf.: Leiter Qualitätssicherung in deutschem internationalem Konzern in Sao Paulo, Brasilien
Leiter Fertigung in deutschem Großbetrieb in Uitenhage/Cape-Südafrika und eigenes Ingenieur-Büro: independet expert und technical consultant in East London und Johannesburg in Südafrika
Zuschriften erbeten unter N 147789 an den VDI-Verlag, Postfach 101054, 40001 Düsseldorf.

Abb. 10 Stellengesuch ohne Nutzwert in der Headline

Suche neue Führungsaufgabe

Ausbildung:	Ingenieur Elektrotechnik
Alter:	53 Jahre
Führungserf.:	seit 1983 in mittelständischen Unternehmen und Konzernbereichen, seit 1987 als Geschäftsführer
Umsatzverantw.:	45 Mio. DM
Mitarbeiterverantw.:	110 Mitarbeiter
Bereichserf.:	Marketing/Vertrieb, F+E, Produktion, Personal, EDV, Verwaltung
Branchenerf.:	Maschinenbau-, Metall-, Glas-, Elektro- und Bauindustrie
Markterfahrung:	Deutschland, Europa, USA
Sprachen:	Englisch, Grundkenntnisse in Französisch
Perspektive:	Festanstellung, Zeitmanagement, freiberufliche Tätigkeit

Angebote erb. unter N 147796 an den VDI-Verlag, Postf. 101054, 40001 Düsseldorf.

Abb. 11 Stellengesuch ohne Qualifikationsangabe in der Headline

Gut dagegen sind folgende 6 Stellengesuche (*Abb.* *12 - 17*) mit Angabe   61
von Branche und/oder Funktion:

Vertriebsleiter
Werkstoffe/Komponenten Metall

Dr.-Ingenieur, 41, mit exzellentem Know-how im Vertrieb metallischer Werkstoffe und innovativer Produkte, bietet:

- Vertrieb und Key-Account-Management international, Schwerpunkt europäische Länder, Auslandserfahrung Japan
- Intensive Kundenberatung und Innovationsumsetzung, deutliche Umsatzsteigerung im dreistelligen Mio.-DM-Bereich
- Aufbau von Geschäftsbeziehungen in neuen ertragreichen Geschäftsfeldern
- Verbesserung der Marktstellung durch Vermarktung innovativer kundenspezifischer Lösungen für die Bereiche Automotive, Stahl und NE-Metalle
- Leitung F & E im Konzern, Entwicklung komplexer Systemlösungen für die Automobilindustrie

Heute suche ich eine neue Herausforderung in der internationalen Vermarktung metallischer Werkstoffe, Komponenten oder Systeme als Vertriebsleiter bzw. Key-Account-Manager. Bitte schreiben Sie mir unter **839869** · F.A.Z. · 60267 Ffm.

Abb. 12 Stellengesuch mit Angabe von Funktion und Marktsegment

---

Baustoff-/Betonfertigteil-Industrie
Managementaufgabe

Techn. Geschäftsführer (Diplom-Ingenieur, 44), Fachmann für Reorganisation und Effizienzsteigerung, mit exzellentem Management-Know-how aus den Branchen Baustoff-, Betonstein- und Betonfertigteil-Industrie bietet:
- Unternehmerische Neuausrichtung in Technik, Innovation, Kundenorientierung
- Prozeßoptimierungen im Business Management, Restrukturierung, Outsourcing
- Aufbau von nationalen/internationalen Kontakten, Key-Account-Management
- Auslandserfahrung (Osteuropa)
- Entwicklung und konsequente Umsetzung von Sanierungskonzepten
- Reorganisation von Produktionsbetrieben, Produktivitätssteigerung um 25%.

Ich suche eine neue Herausforderung als Werkleiter bzw. auf Geschäftsführungsebene in einer der o. a. Branchen, ggf. mit Beteiligung. Zuschriften erbeten unter **885385** · F.A.Z. · 60267 Ffm.

Abb. 13 Stellengesuch mit Angabe von Branche und Funktion

62

Werksleiter/techn. Leiter/GF Sondermaschinenbau, High-Tech

Qualifikation: Dipl.-Ing., 48, technische Leitung von Industrieunternehmen des High-Tech-Sondermaschinenbaus. Internationale Prägung (US-Konzern), derzeit techn. Geschäftsführer. Eindeutige Erfolge in Restrukturierung und Ertragssteigerung.
Kompetenz in Reorganisation der Entwicklung und Produktion, deutliche Produktivitätssteigerung. Leistungsreserven aufdecken und schnell in Effizienz und Ertrag umsetzen. IT-Systeme.
Stärken: Innovation, Kosten- und Projektmanagement, Motivation.
Branchenkenntnisse: Werkzeug- und Sondermaschinenbau, Verpackungstechnik, Feinmechanik, Kfz-Zulieferer. Zuschriften erbeten unter **881944** · F.A.Z. · 60267 Ffm.

Abb. 14 Stellengesuch mit Angabe von Funktion und Branche

Marktausbau Südamerika High-Tech
Investgüter (Anlagen/Serien)

Diplom-Ingenieur (FH), 50, kaufmännischer/technischer Geschäftsführer, 20 Jahre Lateinamerika, Erfolge im Auf-/Ausbau deutscher Gesellschaften bis zur Marktführerschaft, bietet Marketing-/Vertriebskonzepte für die erfolgreiche Geschäftsausweitung vor Ort. Besondere Stärken:

– Aufbau der Fertigung/Montage; Verkauf/Übergabe schlüsselfertiger Anlagen
– Produkt-/Marktkenntnisse: Elektronik/Telekom/Elektro-/Nachrichten-/Automatisierungs-/Prozeßtechnik/Feinmechanik/Optik; Geräte/Anlagen der Elektrizität
– Aufbau/Reorganisation von Unternehmen/Vertrieben/Qualitätsmanagement
– Länderstrategien/Key Accounting; Kontakte zu Banken/Behörden/nationalen Unternehmen
– Finanzierung, Controlling, steuerliche Optimierung, Inflationsmanagement
– Spanisch/Portugiesisch/Englisch verhandlungssicher; Französisch/Italienisch fließend

Ich suche eine neue Herausforderung in Südamerika. Schreiben Sie mir bitte unter **882343** · F.A.Z. 60267 Ffm.

Abb. 15 Stellengesuch mit Angabe von Funktion, Zielgebiet und Marktsegment

Maschinenbau/Metallverarbeitung Turnaround/Sanierung

Durchsetzungsstarke Persönlichkeit, Dr.-Ing., 54, mit ausgezeichnetem technischen Know-how aus größeren mittelständischen Unternehmen, sucht neue Herausforderung in der Geschäftsführung oder als Interim-Manager. Nachweisbare Erfolge gegeben, insbesondere bei Restrukturierung, Produktivitätssteigerung, Sanierung, Ausbau der Marktstellung (auch international), Ertragsteigerung, Qualitätsmanagement.

Meine Stärken sind die Initiierung und Umsetzung von Verbesserungsprozessen, straffe Führung und Durchsetzungsvermögen – auch in schwierigen Situationen. Für Ihre Kontaktaufnahme unter **862029** · F.A.Z. · 60267 Ffm. bin ich Ihnen dankbar.

Abb. 16 Stellengesuch mit Angabe von Branche und Funktion

Kunststoffe, Automotive/Kfz
Vorstand, Werksleitung international

Vorstand Technik (Dipl.-Ing. Maschinenbau, 49) bietet erprobtes Know-how zur Ertragssteigerung bzw. Stabilisierung mittelständischer Unternehmen, der Verbesserung von Geschäftsabläufen und Produkt-Neuentwicklungen. Ausgezeichnete Kenntnisse in der Kunststoffverarbeitung (Spritzgießen, Blasen und Extrusion technischer Komponenten), Werkzeugbau, Aufbau neuer Produktlinien. Turnaround-Management, Gründung, Aufbau und Steuerung von Werken im Ausland. Heute suche ich eine neue Aufgabe als Alleingeschäftsführer oder Vorstand in der kunststoffverarbeitenden Industrie mit internationaler Ausrichtung. Ich freue mich auf Ihre Zuschrift unter **906039** · F.A.Z. · 60267 Ffm.

Abb. 17 Stellengesuch mit Angabe von Marktsegment und Funktion

Die beachtenswerten Merkmale der guten Stellengesuche liegen
- In den klaren Angaben zu Branche und/oder Funktion in den Headlines
- In der konkreten Angabe der Fachkenntnisse, Fähigkeiten und Erfolge
- im optischen Herausheben durch einen Randschatten.

Persönliche Charakterbeschreibungen, wie „jederzeit belastbar", „loyal", „teamfähig" oder gar „geschieden, 2 Kinder" sind nicht angebracht. Für den erfahrenen Ingenieur bieten sich folgende Medien an, ein Stellengesuch zu schalten:
- die VDI-Nachrichten,
- die Frankfurter Allgemeine Zeitung (FAZ)
- das jeweilige Branchenmagazin wie beispielsweise 'Lacke & Farben'
- Internet-Job-Börsen (sofern Ihre Daten nicht offen für jedermann einsehbar sind), und schließlich
- das Arbeitsamt.

Der Rücklauf eines Stellengesuches setzt sich üblicherweise aus Zuschriften von 10 Personalberatern und von 2 bis 4 Firmen zusammen. Diese Zusendungen erhalten Sie über den Chiffredienst der

Zeitungen, der Verlage/Medien, oder über einen von Ihnen beauftragten Karriereberater. Manche Unternehmen senden mit ihrer Anfrage gleich einen Geschäftsbericht und eine Anfahrtskizze mit, was leider zu selten vorkommt. Bei aller Freude über die Zuschriften der Personalberater und Unternehmen sollten Sie vor Absenden Ihrer Bewerbungsmappe mit den Interessenten telefonieren. Vielleicht haben diese Interessenten Ihre Anzeige falsch verstanden oder haben eine andere Erwartung als Sie selbst.

Personalberater werden Ihnen zwar nicht das Unternehmen am Telefon verraten, jedoch einige Eckdaten über die Position geben, für deren Besetzung der Personalberater einen Suchauftrag hat. Wenn Sie spüren, daß ein Personalberater am Telefon keine konkrete Auskunft über ein Anforderungsprofil geben kann, sollten Sie nur eine Kurzbewerbung oder gar keine Unterlagen versenden.

Vor allem im gehobenen Management muß darauf geachtet werden, daß Ihr Name in Personalberaterkreisen nicht zu häufig auftaucht. Auf der anderen Seite kann es nicht schaden, wenn Sie durch Kontakte mit Personalberatern lieber ein Bewerbungsgespräch mehr als zuwenig führen, um Übung im Führen von Bewerbungsgesprächen bekommen.

4.2   Direktbewerbungen

Blindbewerbung
Die schon erwähnte Zielgruppenkurzbewerbung (ZKB) ist nicht mit einer Initiativ- oder Blindbewerbung zu verwechseln. Sogenannte Blindbewerbungen sind vervielfältigte Bewerbungsschreiben mit einem Lebenslauf als Anlage, die an eine Hundertschaft oder in größerer Zahl an Firmen mittels gekaufter Adressen versandt werden. Solche Blindbewerbungen haben den Wunsch nach einer Position bei entsprechendem Gehalt zum Inhalt. Diese Briefe sind üblicherweise nicht persönlich adressiert und weisen inhaltlich wenig Konkretes auf. Oftmals genügen sie nicht den Formerfordernissen eines ordentlichen Briefwechsels. Die Blindbewerbung wird von Personalfachleuten einhellig als Unsinn abgewertet.

Wolfgang Leitner Strasse
Diplom-Ingenieur Ort
Fon/Fax
Datum

An
Autohaus Müller
Inhaber
Postfach 1156

65432 Mainhausen

Bewerbung an Kfz-Werkstätten

Sehr geehrte Damen und Herren,
unternehmerisches und betriebswirtschaftliches Denken und Handeln, kostenbewußt
führen, Beispiele geben und vermitteln, das sind Voraussetzungen guter Leistungen in
Kfz-Werkstätten.

Und sicherlich suchen Sie einen guten Betriebsleiter, der in diesem Sinne Ihre Werk-
statt auf Vordermann bringt, die Mitarbeiter motiviert und für Umsatz sorgt.

So würde ich Ihnen gerne meine Erfahrung als leitender Angestellter zur Verfügung
stellen. Ich bringe Know-how aus verschiedensten Verwendungsbereichen und diver-
ser Fahrzeughersteller mit.

Ich bin überzeugt, daß ich nach kurzer Einarbeitung und Anpassung an die Geschäftsstrategie die geforderten Aufgaben zu Ihrer vollsten Zufriedenheit auf Grund meiner
schnellen Auffassungsgabe und Anpassungsvermögens erledigen kann.

Schon jetzt freue ich mich auf die Einladung zu einem persönlichen Gespräch mit
Ihnen. In diesem können wir dann gemeinsam über Details der von Ihnen geforderten
Aufgaben zur Neubesetzung einer Stelle eines Leitenden Angestellten sprechen. Als
Gehalt stelle ich mir 120 TDM/anno vor. Meinen Lebenslauf finden Sie anbei.

Mit freundlichen Grüßen

Wolfgang Leitner

Muster 2 Blindbewerbung

Kommentar: Der Nutzwert des Bewerbers, die Darstellung seiner besonderen Fähigkeiten, fehlt in diesem Schreiben. Der Bewerber vergeudet Arbeit und Portokosten, und Firmen werfen solche standardisierte Bewerbungsanfragen in den Papierkorb. „Ganz schlaue Bewerber" versenden sogar komplette Bewerbungsmappen in hoher Stückzahl, erhöhen dadurch die Kosten und den Ärger bei den angeschriebenen Firmen.

Initiativbewerbung
Initiativ-Bewerbungen kommen dem Ideal der Zielgruppenkurzbewerbung schon näher. Dabei werden Firmen einer speziellen Branche oder Region mit einem ordentlichen Leistungsangebot angeschrieben, wobei der Kandidat seinen Namen und Adresse freigibt, wie auch seinen Lebenslauf. Die angeschriebenen Firmen prüfen gerne solche unaufgeforderten Bewerbungen, wenn sie spüren, daß der Bewerber fachlich ins Unternehmen passen könnte.

Martin Eichwald
Diplom-Ingenieur

Kiesgasse 12
22341 Buchen
Tel. 0221-34566
29.2.1999

RIESTER-HAUS GmbH
Herrn Peter Meister
– Geschäftsführer –
Riester-Strasse 34

21233 Gütersloh

Technischer Leiter aus dem Bereich 'Fertigteile, Baustoffe' sucht neue Aufgabe in der Branche Fertighaus

Sehr geehrter Herr Meister,
als Diplom-Ingenieur (44) in einer Baustoffgruppe (50 Mio. DM Umsatz) suche ich eine neue Aufgabe auf leitender Ebene in einem Unternehmen wie dem Ihren. Meine Stärke liegt in der Entwicklung von Serienprodukten, die modulartig in Kleinmengen bei diversen Haustypen kostengünstiger eingesetzt werden können.

Hier mein Know-how als Technischer Leiter:
- Reorganisation von Fertigungsbetrieben
- Produktivitätssteigerung + 25 %
- Neuausrichtung der Technik, Innovationsentwicklung
- Prozeßoptimierungen, Restrukturierung, Outsourcing
- Unterstützung bei der Markterschließung, Key-Account-
- Management
- Entwicklung und konsequente Umsetzung von Konzepten und
- Sollvorgaben
- Kompensation von Ertragsrückgang durch innovative Produkte und
  straffes Kostenmanagement
- Aufbau eines Qualitätsmanagements, Rentabilitätsanalysen,
  Personalführung, Motivation, Leistungssteigerung

Wenn Sie demnächst eine entsprechende Aufgabe zu besetzen haben, stehe ich Ihnen gerne für ein Gespräch zur Verfügung. Für die Prüfung dieser Anfrage in Ihrem Hause bin ich Ihnen dankbar.

Mit freundlichen Grüßen

Martin Eichwald

Anlage: Lebenslauf

Muster 3 Initiativbewerbung

Ein erfahrener Ingenieur, der in ungekündigter Position ist, kann es sich jedoch nicht leisten, solch eine Initiativ-Bewerbung an 100 Firmen zu senden. Seine Position wäre äußerst gefährdet. Auch im Falle der Arbeitslosigkeit ist es für Ingenieure in gehobener Position nicht ratsam, ihren Namen in der Branche an die große Glocke zu hängen.

4.3 Zielgruppen-Kurzbewerbung (ZKB)

So bietet sich die Zielgruppenkurzbewerbung für Ingenieure an. Die ZKB hat den Vorteil einer gewissen Anonymität und – das Wichtigste – qualitativ ein deutlich anderes Gewicht bei den Firmen. Die

ZKB ist die zur Zeit beste Methode, um das Eignungsprofil eines Ingenieurs mit dem Anforderungsprofil spezieller Unternehmen zur Deckung zu bringen. Eine ZKB ist ein Bewerbungsschreiben, das lediglich eine Seite umfaßt. Ziel der ZKB ist, den Bewerber durch ein gut vorbereitetes Angebot mit seiner Zielgruppe ins Gespräch zu bringen und er letztlich ein attraktives Stellenangebot erhält.

Eine ZKB hat keinen Lebenslauf zum Inhalt, sondern die Darstellung einer konkreten Dienstleistung oder eines Projektangebotes. So bietet ein Vertriebsingenieur aus der Baumaschinenbranche seiner Zielgruppe an, die Märkte Ungarn, Slowakei und Tschechien zu bearbeiten, um dort Marktanteile zu gewinnen. Seine Person betreffend muß lediglich erwähnt werden, daß er 46 Jahre alt ist, perfekt tschechisch und ungarisch spricht. Mit solch einem konkreten Angebot können die angeschriebenen Firmen prüfen, ob sie die ausführlichen Bewerbungsunterlagen des Kandidaten anfordern oder nicht. Da bei einer Kurzbewerbung nicht die Firmen allgemein, sondern personifiziert angeschrieben werden, ist die Trefferquote relativ hoch. Die angeschriebenen Entscheider (Geschäftsführer, Vertriebsleiter oder Werksleiter) spüren, daß sich ein Insider aus der Branche bewirbt.

Zudem kommen die Empfänger der ZKB in eine psychologische Zwickmühle: Sollte der Kandidat eventuell zur Konkurrenz gehen und dort von hohem Nutzen sein, hätten die Unternehmen eine Chance verpaßt – die Chance einen guten Mitarbeiter zu gewinnen. So erzeugt die ZKB bei inhaltlich richtiger und attraktiver Gestaltung eine echte Interessentenquote von ca. 10 %. Wenn das Angebot sehr interessant ist, werden manche Empfänger sogar dazu animiert darüber nachzudenken, für diesen Vertriebsingenieur eine völlig neue Stelle zu schaffen. Solche Ergebnisse kann eine Blind- oder Initiativbewerbung nicht erreichen.

Da die ZKB über einen Treuhänder versandt wird, erhöht sich bei dem Empfänger das Interesse: Wer versteckt sich dahinter? Zudem bleibt das Risiko gering, daß der Name des Ingenieurs in der Szene vorschnell bekannt wird. Damit eine ZKB jedoch wirkungsvoll gestaltet werden kann, sind gewisse Vorarbeiten nötig. Zum einen muß eine Stärkenanalyse des Kandidaten durchgeführt und sein

Nutzwert wie seine Problemlösungsfähigkeit für die angesprochenen   69
Firmen herausgearbeitet werden. Dann müssen die ZKB-Briefe per-
sonifiziert werden, d. h. es müssen exakt die Ansprechpartner in den
Firmen ermittelt werden, die diesen Brief erhalten sollen.

Herrn
Peter Meyering
W. Hauck GmbH
Daimlerstrasse 13

70327 Stuttgart

Berufliche Veränderung

Sehr geehrter Meyering,
der Geschäftsführer eines Dienstleistungsunternehmens hat mich gebeten, ihn bei der
Suche nach einer neuen Aufgabe als Treuhänder zu unterstützen. Seine jetzige Tätigkeit stellt für ihn keine Herausforderung mehr dar und bietet geringe Perspektiven.

Seine Vorbildungen und Erfahrungen sind:
- Industriekaufmann
- Diplom-Betriebswirt
- 44 Jahre, verheiratet, 3 Kinder
- Dienst- und Wohnsitz: Raum Düsseldorf
- Vertriebstätigkeit und Öffentlichkeitsarbeit im Dienstleistungssektor auf Ebene
  der Geschäftsführung
- Englische Sprachkenntnisse
- Profi in Verhandlungs- und Argumentationstechnik
- mehrjährige Erfahrungen im Umgang mit Medien und Behörden
- Kontaktnetz zur nordrhein-westfälischen Industrie

Der Bewerber sucht eine neue, herausfordernde marketing- bzw. vertriebsorientierte
Aufgabe mit leistungsbezogener Komponente. Falls Sie an einem persönlichen Ken-
nenlernen interessiert sind, wenden Sie sich bitte an die:

K…Veränderungsberatung, Postfach 10055, 51506 Gundersheim

Mit freundlichem Gruß

…

Anlage: Lebenslauf, anonymisiert

Muster 4 Beispiel einer schlecht formulierten ZKB

70   *Bewertung: In diesem Schreiben werden Fakten aufgezählt, die im beilegenden Lebenslauf nochmals zu lesen sind. Es werden keine konkreten Leistungen aufgezählt, berufliche Erfolge fehlen. Der Nutzwert für das Unternehmen wird nicht dargestellt, sondern lediglich gefragt, ob eine Position im Vertrieb oder Marketing frei sei. Es fehlen auch Größenordnungen, wie Anzahl geführter Mitarbeiter, Umsatz o.ä.*

Hans Bürkle   Hinter Saal 21
Treuhänder   55283 Nierstein
                                               29. Januar 1999

Herrn
Dr. Frank Weiser
FAG Kugelfischer AG
Postfach 101 343

96732 Schweinfurt

Technischer Leiter (44) bietet langjährige Erfahrungen im Qualitäts-Management und Erfolge bei Steigerung der Produktivität und Kundenzufriedenheit für den Maschinenbau

Sehr geehrter Herr Dr. Weiser,
ein Diplom-Ingenieur (Maschinenbau) aus Ihrer Region hat mich gebeten, Ihnen seine Bewerbungsinformationen zu übermitteln. Seine besondere Stärke liegt in der Leistungsverbesserung durch Kombination von Fertigungs-Know-how, Datenverarbeitung und Qualitätsmanagement. Er sucht eine neue Herausforderung in einem Unternehmen wie dem Ihren bzw. in einer Tochtergesellschaft.

Folgende Erfahrungen und Nutzen kann er Ihnen bringen:
- Technische Leitung mit Entwicklung, Konstruktion, Fertigung und industrial Engineering
- Aufbau Qualitäts-Management nach ISO 9001 und QS-9000
- Erfolge/Auszeichnungen: Q1-Award, ISO 9001, MBTA, QS-9000
- Einführung QM konzernweit, in diversen Ländern
- Deutliche Effizienzsteigerung in der Fertigung, Innovationen
- Ausschußreduzierung, Kostensenkung, Rationalisierung, Leistungsverdichtung
- Projektierung von Industrieanlagen (Investitionsgüter), Programmentwicklung

- Aufstellen und Einrichten von Sondermaschinen in Japan und
  europäischen Ländern
- Auslegung von Automatisierungs- und Fertigungslinien, Roboter-
  einsatz
- EDV: Aufbau von Firmennetzwerken, PPS, MS-Office, Internet
- Mitarbeiterführung und -schulung, 230 MA sind ihm unterstellt
- Fremdsprachen: Französisch gut, Englisch verhandlungssicher.

Wenn Sie demnächst eine entsprechende Leitungsaufgabe in der Technik und/oder im
Qualitätsmanagement zu besetzen haben, gebe ich bei Interesse Ihre Nachricht darüber direkt an den Bewerber weiter. Er wird Ihnen seine ausführlichen Bewerbungsunterlagen zusenden und gerne für ein Gespräch zur Verfügung stehen. Für die Prüfung
dieser Anfrage in Ihrem Hause bin ich Ihnen dankbar.

Mit freundlichen Grüßen

Hans Bürkle

Muster 5 Beispiel einer gut formulierten ZKB

Bei dieser ZKB wird kein Lebenslauf mitgesandt. Für die Resonanz
ist entscheidend, daß der Briefempfänger sofort erkennt, daß der
Bewerber fachliche Erfolge zu bieten hat, die für sein Unternehmen
von Interesse sein könnten.

Mit dieser ZKB wurden 87 Maschinenbauunternehmen mit
einem Umsatz von über 100 Mio. DM angeschrieben. 9 Unternehmen
forderten die Bewerbungsmappe an; drei Unternehmen wollten
sofort einen Termin für ein Bewerbungsgespräch festmachen, zu
dem der Bewerber seine Mappe mitbringen sollte. Der Kandidat
bekam zeitgleich drei interessante Vertragsangebote und konnte
problemlos in eine bessere Position wechseln.

4.4 Networking

Eine Direktbewerbung an eine Vielzahl von Unternehmen erlaubt
dem angestellten Ingenieur nicht, sich mit offener Adresse an die
Firmen zu wenden. Die Gefahr, seinen Arbeitsplatz zu verlieren wäre
dabei recht groß.

72

Wenn die Kontakte jedoch in bescheidenem Maße über Beziehungen laufen, ist die Diskretion normalerweise gewahrt. Dann können persönliche Kontakte angebahnt, oder Bewerbungen mit Angabe der offenen Adresse versandt werden.

Um solche Bewerbungsaktivitäten entfalten zu können, sollte sich der Kandidat über seine berufsfördernden Kontakte Klarheit verschaffen.

So sollten Sie sich anhand folgender Kriterien überlegen, welche Zielfirmen überhaupt in Frage kämen:

Meine Zielgruppe/Branche:
z.B. Umwelttechnik, Maschinenbau, Automotive, Schalungstechnik usw.

_____

Die fünf wichtigsten Mitbewerber meines Unternehmens:

_____

_____

_____

Weitere Firmen, die an Ihrem Können Interesse haben müßten:

_____

_____

_____

Firmen, für die Ihrer bisherigen Funktion vor- oder nachgelagert sind, wie
– Zulieferer
– Abnehmer
– externe Ingenieurbüros
– Handelsunternehmen

Verbände, Organisationen (wie TÜV), die Ihr Know-how nutzen
könnten

Selbstverständlich können alle Unternehmen aus diesen Zielgruppen
sinnvoll mittels einer Zielgruppen-Kurzbewerbung unter Treuhandadresse angeschrieben werden, oder unter offenem Namen. Um
persönliche Beziehungen aufzubauen, müssen nun die entscheiden-
den Personen definiert und gefunden werden, die Sie direkt ansprechen könnten.

Denken Sie darüber nach, wer mit Ihnen im selben Arbeitskreis
ist und Ihnen bei der Benennung von Entscheidern weiterhelfen
könnte. Wer kann Ihnen im Verband Tips oder Namen geben? Auch
Veröffentlichungen über Firmen können zum Anlaß für eine persönliche, unaufgeforderte Bewerbung genommen werden.

Bei der direkten, persönlichen Kontaktaufnahme sind Adressen
nützlich, wie:

1. Empfehler, wie ehemalige Vorgesetzte, Kollegen, Verbandsge-
   schäftsführer, Professoren, auf die man sich beziehen kann.
2. VIP-Personen, benannt in Zeitungen, wie
   – Handelsblatt
   – FAZ
   – VDI
   – Fachzeitschriften
   – Nachschlagewerken
   – Verbandsnachrichten
   – Referenten in Seminaren usw., die man aufgrund der
     Veröffentlichung anschreiben kann.

3. Personalberater, mit denen man die bisher schon aufgebauten Beziehungen intensiviert.
4. Kollegen in Arbeitskreisen, Clubs, Alumni-Organisationen, die Tips geben können.

Peter Müller   Grün-Strasse 1
Diplom-Ingenieur   45678 Mayen
                                Telefon 06133-5145
                                9.1.1999

Herrn
Ansgar Michalsky
Merten GmbH & Co. Antriebstechnik
Postfach 4711

12345 Berlin

Bewerbung als Leiter F & E

Sehr geehrter Herr Michalsky
durch die Empfehlung von Herrn Petermann (Ihr Kollege im ZDV-Arbeitskreis) gestatte ich mir, Sie als Vertreter eines der führenden Unternehmen im Bereich ABC in Deutschland in eigener Sache anzuschreiben.

Ich kann mir vorstellen, speziell Ihrem Unternehmen einen Nutzen mit meinem Know-how bringen zu können, welches ich Ihnen kurz auflistе:

- Leitung der Abteilung 'Entwicklung & Konstruktion Mechanik'
- Neuentwicklung und Konstruktion von Preisauszeichnungsgeräten, fortschaltenden Druckwerken, Thermotransferdruckern
- Verkürzung der Entwurfs- und Konstruktionsphase
- Kostensenkung in der Fertigung durch Entwicklung von mehrfachverwendbaren Baugruppen, Montage- und
- Servicefreundlichkeit
- Produktionsverlagerung nach Fernost, Kooperation mit koreanischem Gerätehersteller in Entwicklung, Malaysia- und Koreaerfahrung
- Projekte im Maschinenbau, Textilmaschinen, Werkzeugmaschinen
- Über 30 Patente im Bereich „Drucker"; hohe Kreativität

Meine Stärke liegt insbesondere in der Motivation der Mitarbeiter zur schnellen Entwicklung von Innovationen.

Ich suche nicht unbedingt eine Festanstellung, denkbar ist auch eine Aufgabe, die ich   75
als Manager auf Zeit oder projektbezogen für Ihr Unternehmen lösen kann.*
Wenn Sie einen Ansatz zu einer Zusammenarbeit sehen, stehe ich Ihnen gerne für ein
Vorstellungsgespräch zur Verfügung. Bitte gestatten Sie mir, daß ich Sie deshalb in den
nächsten Tagen einmal anrufe.

Mit freundlichen Grüßen

Peter Müller

Anlagen

* Dieser Satz empfiehlt sich für Bewerber über 50 Jahre, die den Entscheidern das Risiko einer
Festanstellung abnehmen wollen.

Muster 6   Brief an ein Mitglied des Kontakt-Netzes

Peter Meier   Linkbrunnen 19
                                                         69123 Heidelberg
                                                         22.4.1999

Herrn
Ansgar Michalsky
Merten GmbH & Co. Antriebstechnik
Postfach 4711

12345 Berlin

Sehr geehrter Herr Michalsky,
unter Bezugnahme auf unsere positiven Kontakte in vergangener Zeit bitte ich Sie dieses Mal um Interesse in eigener Sache.

Das Unternehmen, in dem ich seit über zehn Jahren mit Erfolg tätig bin, strukturiert
aufgrund schwedischer Anweisungen um und verkleinert radikal die Belegschaft in
allen Ebenen. Dies ist der Grund, weshalb ich meine Erfahrung und mein Know-how
nun anderen Unternehmen anbieten möchte.

So denke ich, speziell auch Ihrem Unternehmen einen Nutzen mit meinem Know-how
bringen zu können, welches ich Ihnen kurz auflistе:

- Leitung der Abteilung 'Entwicklung & Konstruktion Mechanik'
- Neuentwicklung und Konstruktion von Preisauszeichnungsgeräten,
- fortschaltenden Druckwerken
  (Texte wie vorhergehendes Muster)
- …
- Über 30 Patente im Bereich „Drucker"; hohe Kreativität

Ich könnte mir vorstellen, für Sie im Bereich F&E tätig zu werden. Um Ihnen mögliche arbeitspolitische Risiken abzunehmen, suche ich nicht unbedingt eine Festanstellung, denkbar ist auch eine Aufgabe, die ich als Manager auf Zeit oder projektbezogen für Ihr Unternehmen lösen kann.

Wenn Sie einen Ansatz zu einer Zusammenarbeit sehen, stelle ich Ihnen gerne meine kompletten Bewerbungsunterlagen zur Verfügung. Ich erlaube mir, Sie in den nächsten Tagen einmal anzurufen.

Mit freundlichen Grüßen

Peter Meier

Muster 7 Brief an einen persönlich bekannten Manager

Das persönliche Netzwerk sollte grundsätzlich ein Leben lang aufgebaut und gepflegt werden. Dies sollte nicht nur unter dem Gesichtspunkt geschehen, anderen helfen zu können, sondern auch um im Krisenfall oder bei der beruflichen Weiterentwicklung selbst Unterstützung zu bekommen.

Networking auf amerikanische Art
In den USA sind die Bewerbungsriten anders als bei uns, eben viel lockerer. Hire and Fire ist zwar nicht die Regel, jedoch eher möglich als bei uns. In den USA haben wir einen Arbeitsmarkt, in dem kein Monopol eines Arbeitsamtes herrscht wie in Deutschland. Angestellte sprechen unverblümter über Zufriedenheit und Unzufriedenheit am Arbeitsplatz. Die Mobilität ist größer. Einige hundert Meilen fortziehen ist kein Problem, da man sein Haus mitnehmen, schnell vermieten oder verkaufen kann.

In seinem Buch ‚Rites of Passage' (Lucht 1997, S. 35 ff.) beschreibt der Autor die Vorgehensweise, wie man als bislang Unbekannter bei bekannten Manager auffällt, um beruflich weiterzukommen. Schlechtes Networking ist, alle möglichen Bekannte zu fragen, ob sie eine Aufgabe/einen neuen Job für einen hätten. Die Regel ist einen Absage. Besser ist, über Leute, die einen gut kennen, Empfehlungs-adressen zu erhalten. Diese ruft man selbst an, um nur 15 Minuten ihrer Zeit zu bekommen. Dies unter dem Motto: „Können Sie mir aus Ihrer professionellen Sicht Hinweise zu meinen Berufschancen geben? Ich erwarte dabei keinen Job bei Ihnen. Herr X (Empfehler) riet mir, Sie zu kontakten …".

Ziel dabei ist, aus den 15 Minuten doch ein Vor-Einstellungsge-spräch werden zu lassen, zumindest ein längeres Brainstorming und – ganz wichtig – mindestens drei weitere Adressen, die der Bewerber nach diesem Gespräch ansprechen kann, zu bekommen.

Eine weitere Empfehlung von Lucht ist, Top-Manager, die für das eigene Weiterkommen entscheidend sind, netzwerkartig einzukrei-sen, um in derem Beziehungsnetz empfohlen zu werden. So müsse beispielsweise über das Who-is-Who herausgefunden werden, wel-che Hobbies der Top-Manager hat, in welchen Alumniorganisationen er verkehrt, wo er Golf oder Tennis spielt, wo er Sponsoring-Mitglied ist, an welcher Universität er Vorlesung hält usw. Dann gilt es, in die-sem Netzwerk an irgendeiner Stelle Mitglied zu werden und den eigenen Einfluß gezielt auszubauen.

Dieses Networking bringt keinen kurzfristigen Erfolg. Auch wird sich ein Ingenieur in Deutschland so nicht outen und engagieren. Dennoch soll dieser Gedankenausflug Anregungen für die Bildung eines eigenen Netzwerkes geben.

Um Kontakte dennoch anzubahnen, empfiehlt sich in Deutsch-land das Networking mit Personalberatern (siehe 8.1.).

5 Optimale Bewerbungsunterlagen

5.1 Die Bewerbungsmappe des erfahrenen Produktionsmanagers

Jung-Ingenieure, die erst 5 Jahre Berufserfahrung haben, versuchen bei Bewerbungen ihre Bewerbungsmappe inhaltlich aufzuwerten und viel an Leistung zu zeigen. Ingenieure über 45 Jahre versuchen oft dasselbe, nämlich in ihre Bewerbungsmappe eine Fülle durchgeführter Projekte und Leistungen zu beschreiben und damit die Bewerbungsmappe zum dicken Archivband werden zu lassen. So wurden von Ingenieuren schon öfter Leistungskataloge in Ordnergröße, mit 50 und mehr Projektdarstellungen, versandt, auch erweitert mit wissenschaftlichen Darstellungen oder einer Fülle von Veröffentlichungen, die beim Bewerbungsvorgang jedoch kaum gelesen werden. Bekommt ein Personalleiter über ein Stellenangebot – was derzeit nicht unüblich ist – über 100 Bewerbungen in Ordnergröße, würde er mehrere Waschkörbe zur Sortierung und Bearbeitung benötigen.

Eine weitere Unsitte ist es, Lebensläufe und Zeugnisse je einzeln in Klarsichthüllen verpackt in Ringordner zu heften und diese schweren Mappen – von erhöhten Portokosten abgesehen – einem Personalberater oder künftigen Vorgesetzten zuzusenden. In der Kürze liegt die Würze: Eine gute Bewerbungsmappe enthält ein Anschreiben von maximal einer Seite, einen Lebenslauf von maximal zwei Seiten und eine Kurzfassung der beruflichen Leistungen von maximal zwei Seiten.

Um jedoch dem Erfahrungsprofil eines gestandenen Diplom-Ingenieurs gerecht zu werden gibt es eine Kompromißformel. Dies bedeutet, daß man die wesentlichen Bewerbungsinhalte – wie zuvor beschrieben – auf wenige Seiten reduziert, jedoch in der Bewerbungsmappe entweder dem Leser die Möglichkeit bietet, eine ausführlichere Version der Berufserfahrungen anzufordern, oder eine solche Übersicht der Bewerbungsmappe separat beilegt. Der Leser muß aber sofort erkennen, daß dies eine sogenannte Langfassung, ergänzend zur schon vorhandenen Kurzfassung ist (Beispiele siehe unten).

Was die Fort- und Weiterbildung betrifft, gilt hier das gleiche: Daten der Seminare und Tagungen werden auf einer, maximal zwei Seiten untereinander geschrieben, mit Nennung von Thema, Veranstalter, Ort und Datum. Analoges gilt für die Liste mit den Veröffentlichungen. Statt die Veröffentlichungen beizulegen wird eine Veröffentlichungsliste angefertigt. Für Ingenieure mit vielfältigem Auslandseinsatz gilt: Erstellen Sie eine Seite mit einer schematischer Auflistung der Auslandserfahrung, wie Land, Aufenthaltsdauer und Datum.

Manche Ingenieure, die viel Erfahrung im Berufsleben gesammelt haben, übertreiben jedoch diesen Vorschlag der Konzentration aufs Wesentliche in der Bewerbung und senden auf einer DIN A4-Seite „Augenpulver": manchmal 2-spaltig auf einer Seite mit kleinster Schrift Aussagen über ihre Leistungsergebnisse und den Werdegang. Hier gilt die Empfehlung statt dessen lieber ein Blatt mehr zu verwenden und die Bewerbungsunterlagen lesefreundlich zu gestalten.

Die hier vorgeschlagenen Empfehlungen resultieren aus den klassischen Marketingprinzipien, nämlich einen Menschen nicht gleich mit der Fülle aller Argumente überzeugen zu wollen, sondern scheibchenweise das Interesse zu wecken. So ist es viel interessanter für den Leser einer Bewerbungsmappe, wenn er in kurz gefaßten Informationen spürt, daß der Bewerber hochkarätige Leistungen erbracht hat. Wenn der Personlfachmann dann neugierig wird, hat er jederzeit die Möglichkeit, vom Bewerber weitere Informationen abzufordern. So kann man die Bewerbungsschritte in folgende Phasen einteilen:

Phase 1:
Eigeninitiatives Agieren oder Reagieren über den Stellenmarkt mit erster Kontaktanbahnung zu Unternehmen oder Personalberatern.

Phase 2:
Telefonische Vorabklärung, ob die Zusendung einer Bewerbungsmappe sinnvoll ist.

Phase 3:
Versand der Bewerbungsmappe (keine Kurzbewerbung, es sei denn, sie ist ausdrücklich erwünscht).

Phase 4:
Eine Woche später wiederum telefonische Nachfrageaktion, ob die Bewerbungsmappe angekommen ist und ob weiteres Material nachgereicht werden kann oder soll.

Phase 5:
Insistieren auf einer Terminvereinbarung. Ggf. häufigeres Nachtelefonieren oder Rückerhalt der Bewerbungsmappe und Ende des Vorganges.

Phase 6:
Zum ersten Vorstellungsgespräch alle nötigen Ergänzungsnachweise für die Bewerbung mitnehmen, wie Originalzeugnisse, evtl. Veröffentlichungen und die eigene Checkliste für Vorstellungsgespräche. Vorher tiefergehende Recherche über das Unternehmen, dessen Produkte oder Dienstleistungen durchführen.

Phase 7:
Mögliches Dankesschreiben mit Interessenbekundung für einen zweiten Besprechungstermin versenden.

Phase 8:
Vorbereiten auf die zweite Bewerbungsrunde und Vorstellungstraining in Verbindung mit Gehaltsüberlegungen.

Phase 9:
Vertragsabschluß, dann Probezeit. Oder nach Silbermedaille: Reisekostenabrechnung versenden.

5.2   Bewerbungsschreiben auf Stellenangebote

Kontakte sind da – entweder über die Zielgruppenkurzbewerbung, über Empfehlung, durch ein Stellengesuch oder über ein Stellenangebot. Nun gilt es, die Bewerbungsmappe fortzusenden, um einen Termin für ein Vorstellungsgespräch zu bekommen. Dabei ist das Bewerbungsanschreiben die Visitenkarte des Bewerbers und der zunächst wichtigste Bestandteil der Bewerbungsmappe. Durch das Anschreiben nimmt man Kontakt mit dem Unternehmen oder dem Personalberater auf, vermittelt den ersten Eindruck und verstärkt oder vermindert das Interesse an der Bewerbung.

Personalleiter oder Personalberater gehen bei der Sichtung der eingegangenen Bewerbungen gerne nach der „Häufchenmethode" vor. Die Bewerbungen werden nach 3 Kriterien sortiert und auf Häufchen gelegt:

Häufchen 1: Interessant, könnte zur ausgeschriebenen Position gut passen, mit anderen vergleichen

Häufchen 2: Interessant, aber mit deutlichen Abstrichen zu Häufchen 1

Häufchen 3: Uninteressant, nicht zum Anforderungsprofil passend, Absage.

Ziel des Bewerbers muß es sein, sofort dem Häufchen 1 zugeordnet zu werden. Wenn hierfür keine große Aussicht besteht, oder die Chance gering ist, sollte man keine Bewerbungsunterlagen versenden. Um zu den Besten zu gehören, muß man inhaltlich dokumentieren, daß man zu der Aufgabe das nötige Fach- und Führungswissen mitbringt und sich als geeigneter Bewerber aus dem Durchschnitt heraushebt.

Bewerbungsschreiben umfassen oft 2, manchmal sogar 3 Seiten Text, worin die Kandidaten alle möglichen Details ihres Werdegangs anführen. Ein kurzes, einseitiges Anschreiben ist besser. Darin bekundet man sein Interesse an der Aufgabe, nimmt zu den in der Anzeige geäußerten Anforderungen Stellung, nennt evtl. sein Zielgehalt und bittet, wenn nötig, um Vertraulichkeit der Bewerbung bzw. man setzt einen Sperrvermerk ein. Mit dem einseitigen Anschreiben bewirkt man, daß sich der Leser in die weiteren Seiten der Bewerbungsmappe vertiefen muß. In der Kürze liegt die Würze. Da es unmöglich ist, im Anschreiben die gesamte Fülle an Wissen und Erfahrungen präsentieren zu können, muß der Leser dazu gewonnen werden, sich in die weiteren Seiten der Bewerbungsmappe zu vertiefen.

Bernd Eiermann
Diplom-Ingenieur

Arminstraße 11
70180 Stuttgart
Telefon 0711-6402574
1.4.1999

C. A. PICARD GmbH & Co. KG
Herrn Jäger, Personalleitung
Postfach 1155

42857 Remscheid

84

Bewerbung „Leiter F & E"
VDI-Nachrichten vom 26.3.99

Sehr geehrter Herr Jäger,
auf die von Ihnen ausgeschriebene Aufgabe bewerbe ich mich gerne. Die von Ihnen
genannten Anforderungen decke ich durch meinen bisherigen Werdegang ab.
So leite ich derzeit eine F & E-Abteilung mit 25, teils hochqualifizierten Mitarbeitern
in der Industrie. Meine fachliche Stärke liegt im Bereich Tribologie, Metalloxide, Ferro-
legierungen. Fremdsprachen: Englisch und Französisch. Mein Ist-Gehalt beträgt
TDM 180 +. Meine ordentliche Kündigungsfrist beträgt 6 Monate zum Quartal.
Meine weiteren Führungs- und Fachkenntnisse entnehmen Sie bitte meiner
Bewerbungsmappe.

Gerne würde ich mich über Details der von Ihnen angebotenen Aufgabe in einem persönlichen Gespräch unterhalten und bin Ihnen für einen Terminvorschlag dankbar.

Mit freundlichen Grüßen

Bernd Eiermann

Anlage: Bewerbungsmappe

Muster 8 Bewerbungsanschreiben

*Bewertung: Das o.a. Muster zeigt ein Bewerbungsanschreiben, das
aufgrund eines Stellenangebotes versandt wird. Das Anschreiben soll
auf keinen Fall die Beschäftigung mit der beiliegenden Bewerbungsmappe ersetzen. Es muß natürlich fehlerfrei und orthographisch richtig geschrieben sein, den Bezug zur Anzeige und zum Anforderungsprofil herstellen. Üblicherweise wird das Anschreiben heutzutage mit
dem Computer geschrieben, wobei man trotz grafischer Möglichkeiten
auf optische Spielereien im Anschreiben verzichten sollte. Das Papier
kann eine bessere Qualität, beispielsweise 90 g und Wasserzeichen,
haben.*

Nach neuester DIN-Norm wird der Absenderblock links oben in die
Briefbögen gesetzt, wie folgt:

Bernd Eiermann   30.4.1999
Diplom-Ingenieur
Arminstraße 11
70180 Stuttgart
Telefon 0711-6402574

Diese Briefkopfgestaltung ist aus Sicht des Autors jedoch nicht
immer lesefreundlich, was das Layout betrifft.

Ein schwieriger Punkt bei der Formulierung des Anschreibens auf
ein Stellenangebot hin ist die Frage nach den Gehaltsvorstellungen.
Gibt man zu wenig an, dann entsteht der Eindruck, daß man die
Position unterschätzt. Gibt man zuviel an, gilt die Forderung als
überzogen. Es gibt jedoch einige Möglichkeiten die Frage zu beantworten, und sich dennoch genügend Spielraum für Verhandlungen
zu lassen. So kann man ein „Jahresgrundgehalt" angeben, damit der
Empfänger ungefähr weiß, in welchen Größenordnungen sich die
Verhandlungen bewegen werden. Im Jahresgrundgehalt bleibt offen,
wie hoch das endgültige Gehalt sein wird, denn Prämien, Boni,
Dienstfahrzeug und andere Gehaltsvorteile sind noch Verhandlungs-
sache. Oder man schreibt kurz und bündig: 180 TDM +. Dann weiß
der Empfänger, daß der Kandidat wohl um 200 TDM/anno oder
mehr wünscht. Ein Wechsel sollte zwischen 15 % und 25 % mehr
Gehalt bringen.
    Das Bewerbungsschreiben wird ungelocht in die Bewerbungs-
mappe eingelegt. Das Anschreiben wird das Unternehmen behalten,
die Bewerbungsmappe i.d.R. zurückgesandt, es sei denn, der Bewerber bekommt die Goldmedaille und damit die neue Position.

5.3 Bewerbungsmappe

Es ist schon erstaunlich, welche Varianten an sogenannten Bewerbungsmappen verschickt werden. Manche Bewerber verschicken zu DIN A 5 gefaltete Zettel ohne eine Mappe oder Sichthülle. Manche versenden 20 Seiten per Fax, andere versenden Ihren Lebenslauf und Zeugnisse, jeweils in Sichthüllen verpackt, andere die Unterlagen (richtigerweise) gelocht in einer Mappe.

Was die Mappen als solche betrifft, gibt es Kandidaten die ganze Hand- bzw. Ringbücher versenden. Manche Bewerber kaufen teuerste und geprägte Mappen, in denen sie ihre Unterlagen einheften.

Es gibt Bewerbungsmappen, die wie Bücher gebunden sind. Andere Bewerbungsmappen sind aus Pappkarton, die leicht beschädigt werden können und somit kaum wiederverwendbar sind. Bei manchen Bewerbungsmappen ist auf den ersten Blick kein Name ersichtlich, also kein Adressenfeld auf der ersten Umschlagseite der Mappe zu sehen.

Die Erfahrung zeigt, daß es am besten ist, die Bewerbungsunterlagen wie Lebenslauf, Patente und Zeugnisse zu lochen, richtig zu sortieren und in einer Kunststoffmappe zu versenden, die nicht auftragend ist. Die Größe der Bewerbungsmappe soll 24 x 31 cm nicht überschreiten. In einem Umschlag der Größe von 25 x 35 cm mit einem verstärkten Rücken können Sie die Bewerbungsmappe für 3 DM Porto versenden. Bitte keinen frankierten Rückumschlag beilegen.

Kürzeste Gliederung einer Bewerbungsmappe
Das Anschreiben liegt lose bei, die Bewerbungsunterlagen sind in die Mappe geheftet:
- Lebenslauf mit Foto
- Berufserfahrung
- Zeugnisse

Erweiterte Gliederung – je nach Umfang der Berufserfahrungen
- Deckblatt mit Foto (Deckblatt kann, muß nicht sein)
- Lebenslauf (wenn kein Deckblatt, dann Foto auf den Lebenslauf kleben)

- Berufserfahrung
- Nutzwert-Darstellung
- Patente
- Publikationen
- Weiterbildung
- Auslandserfahrungen
- Referenzen
- Zeugnisse

In den folgenden Abschnitten geht es um die Inhalte, die in der Bewerbungsmappe Platz finden können.

5.4 Deckblatt

In einer Bewerbungsmappe ist üblicherweise sofort der Lebenslauf mit Foto zu sehen. Um die Präsentation der gesamten Bewerbungsmappe und vielleicht auch die Wertigkeit zu erhöhen, kann es angebracht sein, ein Deckblatt zu benutzen, auf dem das Foto (Kopfporträt) eingeklebt wird. Bitte verwenden Sie keine Fotoecken, sondern Klebestift oder Kleberoller. Auf dem Deckblatt wird Name, Adresse und eine kurze Inhaltsangabe geschrieben, vielleicht auch eine Ausssage wie „Bewerbung als Technischer Leiter Kunststofftechnik", also die Position, für die man sich bewirbt.

Als Deckblatt kann ein Privatbriefbogen benutzt werden, auf den das Foto mittig eingeklebt wird und welcher dann mit der Gliederung beschriftet wird. Wird solch ein Privatbogen für das Deckblatt benutzt, darf dieser Privatbriefbogen mit der Adresse nicht für die weiteren Unterlagen in der Bewerbungsmappe benutzt werden. Die Anlagen sollten nur auf weißem Papier ohne Adressangabe gedruckt werden.

Bewerbungsmappe

von

Ingo Leistritz

Diplom-Ingenieur Verfahrenstechnik

Hinter Saal 21
D-55283 Nierstein
Telefon/Fax (06133) 60104
e-mail: I-Leistritz@t-online.de

```
┌─────────────────────────┐
│                         │
│          Foto           │
│                         │
│    max. 45 x 60 mm      │
│                         │
│         randlos         │
│                         │
│                         │
└─────────────────────────┘
```

Inhalt:
– Lebenslauf
– Know-how Verfahrenstechnik
– Weiterbildung
– Zeugnisse

Muster 9 Deckblatt für Bewerbungsmappe

Ingenieure über 50, die sich als Interimsmanager anbieten oder die ihre Bewerbung im Rahmen eines MBI (Management Buy In) Banken oder Inhabern zur Verfügung stellen wollen, bietet sich das

folgende Deckblatt unter der Bezeichnung 'Dokumentation der
beruflichen Erfahrung' an.

**Dokumentation
der beruflichen Erfahrung**

von

Dr. Manfred Rauscher

Diplom-Ingenieur

Hinter Saal 21
D-55283 Nierstein
Telefon/Fax (06133) 60104
e-mail: MRauscher@t-online.de

usw. – siehe obiges Muster

Muster 10 Deckblatt für die Mappe 'Berufliche Dokumentation'

5.5 Foto

Wie das Anschreiben ist auch das Foto eine Visitenkarte des Bewerbers. Der künftige Vorgesetzte oder Personalleiter kann sich durch
das Foto einen ersten Eindruck von Ihnen verschaffen, der sogar
über Ablehnung oder Zustimmung zu weiteren Gesprächen entscheiden kann.

Die Größe des Fotos auf dem Deckblatt sollte nicht 10 x 20 cm, sondern lediglich 4,5 x 6 cm groß sein. Farbe ist üblich, schwarz-weiß ist möglich.

Das Bewerbungsfoto soll Sie positiv in Ihrer Eigenschaft als Ingenieur/Manager darstellen. Nehmen Sie bitte kein Foto aus dem letzten Urlaub oder mit nicht passender Kleidung (T-Shirt) und kein 'Krawattenfoto', bei dem die Kleidung dominiert (Abb. 18). Mit dem Foto müssen Sie Sympathie erzeugen. So empfiehlt sich ein Kopfportrait (Abb. 19), das übrigens auch für die Ergänzung von Presse- und Fachartikeln bestens geeignet ist.

Abb. 18
Krawattenfoto,
ungeeignet

Abb. 19
Kopfportrait

Das Foto wird randlos geschnitten. Es versteht sich von selbst, 91
daß es ein aktuelles Bild sein muß. Werden Sie zu einem Gespräch
eingeladen, sollten Sie Ihrem Foto entsprechen. So sollten als Bart-
oder Brillenträger nicht auf einmal ohne Bart oder ohne Brille beim
Gespräch erscheinen. Am besten läßt man von einem Fotostudio
eine Fotoserie anfertigen, aus der dann das attraktivste Bild für die
Bewerbungsunterlagen ausgesucht wird.

Eine Streitfrage ist, ob man farbkopierte Fotos verwenden kann.
Bei den Farbkopien ist die Qualität der Fotos heutzutage so ausge-
zeichnet, daß man die Frage, ob ein Originalfoto besser ist, nicht
unbedingt bejahen kann. Fotos – mit einem Farbdrucker ausge-
druckt – sind meist nur dann brauchbar, wenn der Farbdrucker
Spitzenqualität hat. Am besten ist jedoch immer, das Originalfoto
zu verwenden.

5.6 Lebenslauf

Einer der wichtigsten Funktionen in der Bewerbungsmappe hat der
Lebenslauf. In ihm sollten in knapper Form alle wesentlichen Angaben für den neuen Arbeitgeber ersichtlich sein. Der Lebenslauf zeigt
in Kurzform die privaten und beruflichen Stationen, die man durch-
laufen hat. Er soll dem Empfänger das Gefühl vermitteln, daß Sie mit
der Branche und den Anforderungen, die in einer Anzeige genannt
sind, vertraut sind. Anhand der im Lebenslauf aufgeführten Firmen
stellt der Personalverantwortliche sofort fest, ob der Bewerber Insi-
derkenntnisse aus der Branche mitbringt und schnell eingearbeitet
sein wird.

Der Lebenslauf ist jedoch nicht dazu da, berufliche Details auszubreiten. Leider gibt es immer noch eine Vielzahl von Bewerbern, die
den Lebenslauf auf 4 oder gar 5 Seiten ausweiten. In der Regel genügen 1 bis 1 $^{1}/_{2}$ Seiten – auch bei erfahrenen und älteren Ingenieuren.
Ein weit verbreiteter Fehler ist der, den Lebenslauf chronologisch so
aufzubauen, daß in der linken Spalte nur die Tages-, Monats- und
Jahreszahlen zu sehen sind. Viel wichtiger demgegenüber ist das

Herausstellen der privaten oder beruflichen Stationen/Unternehmen, in denen man gearbeitet hat.

Das folgende Muster 11 zeigt einen zu langen Lebenslauf. Das Muster 12 zeigt einen Lebenslauf mit der vorrangigen Angabe zeitlicher Fakten, und das Muster 13 ist die richtige Version eines Lebenslaufes, nämlich mit den Firmenangaben in der ersten Spalte; das Muster 14 nennt nicht den Namen des derzeitigen Arbeitgebers, damit der Bewerber kein Risiko bei einer ersten Kontaktaufnahme mit neuen Firmen oder Personalberatern eingeht.

Lebenslauf

Persönliche Daten

Name:	Ulrich Meyer
Anschrift:	Goethestraße 6
	61123 Wiesbaden
	Telefon: 0611/4711
Geburtsdatum:	21. Juli 1946
Geburtsort:	Hamburg
Familienstand:	verheiratet, drei Kinder
Sprachen:	Englisch, Französisch

Ausbildung

1953 – 1957	Volkschule
1957 – 1963	Gymnasium
	Abschluß Mittlere Reife
1963 – 1966	Lehre als Starkstromelektriker
	bei der Pittler AG, Langen
	Prädikat: sehr gut

1966 – 1970	Studium der Elektrotechnik an	93
	der Staatlichen Ingenieurschule Siegen,	
	Abschluß als Ingenieur (grad.)	

Wehrdienst

| 1970 – 1971 | Wehrdienst in einer |
| | Fernmeldeeinheit |

usw.

(Der Folgetext über 3 Seiten wird hier nicht wiedergegeben).

Muster 11 zu langer Lebenslauf

Kommentar zum 1. Lebenslauf: Auf der ersten von 4 Seiten erkennt man lediglich, daß der Bewerber etwas mit Elektrotechnik zu tun hat. Erst auf der letzten Seite wird erkannt, wo der Bewerber tätig ist, und welche konkrete Funktion er inne hat.
Anmerkungen: Warum gibt es Doppelpunkte hinter Name, Anschrift usw? Diese können ersatzlos gestrichen werden. Warum heißt es nur ‚Sprachen'? Deutsch kann Ulrich Meyer wohl nicht, oder? Wenn ja, sollte es heißen: ‚Fremdsprachen'.

Lebenslauf

Zur Person

Name	Stefan Robert
Anschrift	Rosental 13
	D-48683 Ahaus
	Telefon 02551-973760

94

geboren am	13.11.1947 in Velbert
Familienstand	verheiratet, eine Tochter
Fremdsprachen	Englisch, verhandlungssicher, Französisch, fundierte Kenntnisse, Niederländisch, Grundkenntnisse
EDV-Kenntnisse	MS-Office: Word, Access, Excel, PowerPoint; COGNOS-Powerplay

Ausbildung

1954 – 1964	Volks- und Realschule, Wülfrath Abschluß: Mittlere Reife
4/1964 – 03/1967	Glanzstoff AG, Wuppertal Textil-Technikerlehre
4/1967 – 03/1969	Bundeswehr, Koblenz Nachschubsachbearbeiter
1967 – 1974	Fernuniversität Hagen Studium zum Textilingenieur (FH)

Beruf

4/1969 – 12/1974	Enka Glanzstoff AG, Wuppertal Textiltechniker
1/1975 – 03/1979	Silenka Deutschland GmbH, Frankfurt Außendienstrepräsentant
4/1979 – 02/1986	Chemische Fabrik Budenheim, Verkaufs- und Marketingleiter
3/1986 – 03/1989	Montedison (Deutschland) Chemie Handels-GmbH, Eschborn, Verkaufs- und Marketingleiter mit Handlungsvollmacht
4/1989 – 03/1992	Amoco Fabrics, Gronau Marketing- und Verkaufsleiter mit Handlungsvollmacht

4/1989 – 03/1994	FIBERWEB Deutschland GmbH, Eschborn, Verkaufsleiter Technische Textilien	95
1995 bis heute	BBA-Group, Manchester (UK), Geschäftsführer der Verkaufsniederlassung in Düren, europaweite Vermarktung technischer Spinnvliese	

Muster 12 Chronologischer Lebenslauf

Kommentar zum Lebenslauf 2: Chronologischer Aufbau, in der linken Spalte die Zeitangaben.

Curriculum Vitae

Zur Person

Name	Dr. Jochen Vandenberg
Anschrift	Waldstr. 41 D-74337 Brackenheim Telefon 07136-11504
geboren am	14. Oktober 1945 in Olpe
Familienstand	verheiratet, ein Sohn
Fremdsprachen	Französisch, Englisch, je verhandlungssicher

Ausbildung

Volksschule und Gymnasium in Minden	1952 – 1965 Abitur
Bundeswehr	1965 – 1967

Diez/Lahn	Wehrdienst, Leutnant der Reserve
RWTH Aachen	1967 – 1973 Studium der Eisenhüttenkunde, Diplom-Ingenieur 1978 Promotion zum Dr.-Ingenieur

Beruf

RWTH Achen, Institut für Schweiß- technische Fertigungsverfahren	1973 – 1978 Forschungsingenieur, wissenschaftlicher Assistent
KLEIN-METALL GmbH Solingen	1979 – 1985 Leiter Qualitätswesen ab 1984 Leiter Produktmanagement, 19 MA, Umsatzverantwortung 45 Mio. DM
SCHÜLER AG Bocholt	1985 – 1993 Leiter Qualitätswesen, 150 MA 1991 Direktor Geschäftsbereich Spezialgetriebe, 900 MA, 110 Mio. DM Umsatz
SCHÜLER Herne GmbH	1991 zudem Geschäftsführer, 300 MA, 60 Mio. DM Umsatz
LIEBHERR KRANE Heilbronn LIEBHERR GmbH, Leipzig	1993 – 1996 Geschäftsführer der Sparte Turmkrane, 120 Mio. DM Umsatz, zudem Geschäftsführer, 80 MA, 50 Mio. DM Umsatz
METALUX GmbH Düsseldorf	1996 – 1/1998 Geschäftsführer mit Gesamtverantwortung, 500 MA weltweit, 200 Mio. DM Umsatz, zudem Geschäftsführer/Management Direktor diverser Beteiligungsgesellschaften
FERROMATIC GmbH Heilbronn	2/1998 bis heute Alleingeschäftsführer, 400 Mitarbeiter

Muster 13 Unternehmensbezogener Lebenslauf

Kommentar zum Lebenslauf 3: Beste Kurzübersicht, alle privaten und
beruflichen Stationen sind chronologisch so aufgeführt, daß die
Unternehmen sofort erfaßbar sind; gut: die Zusatz- bzw. Nebentätig-
keiten bei Tochterunternehmen sind ohne große Zusatzerläuterung
und Platzverschwendung geschickt eingebunden, so daß dieser
Lebenslauf auf einer DIN A-4-Seite Platz hat.

Lebenslauf

Zur Person

Name	Karl-Heinz Stark
Anschrift	Altmühl-Straße 11
	22164 Kiel
	Telefon/Fax (02231) 60342
geboren am	13. August 1950 in Flensburg
Familienstand	verheiratet, eine Tochter

Ausbildung

Grundschule Leck, Nordfriesland	1958 – 1962
Gymnasium Niebüll	1962 – 1971
	Abitur
Technische Universität Braunschweig	1971 – 1977
	Studium der Elektrotechnik, Abschluß als Diplom-Ingenieur, Note gut

Beruf

INSTITUT FÜR VERKEHR, EISENBAHNWESEN UND VERKEHRSSICHERUNG, TU Braunschweig	1977 – 1982 Wissenschaftlicher Mitarbeiter für Industrieprojekte

VEROMA VERPACKUNGS-MASCHINEN GmbH Siegen (550 MA)	1983 – 1987 1/83 Sachbearbeiter Elektronikentwicklung 9/83 Gruppenleiter 4/86 Bereichsleiter für Elektronikentwicklung, Prüffeld, Konstruktion, 25 MA
AVP Deutschland GmbH, Mainz (1.400 MA, 800 Mio. DM Umsatz) Die AVP-Gruppe, Sioux City, USA, ist Weltmarktführer für Kontakte und Steckverbinder	1987 – 1991 8/87 Abteilungsleiter, 55 MA 7/89 Bereichsleiter Sondermaschinenbau, 140 MA
WEINER GmbH Oberstaufen/Allgäu	7/1991 – 31.8.91 Technischer Geschäftsführer, 240 Mitarbeiter; habe schnell die Zahlungsunfähigkeit erkannt und den Beirat informiert; Konkurs des Unternehmens im Januar 1992
NORTON ENGINEERING GmbH, Kiel, (310 MA) (Muttergesellschaft NORTON Corp., Harrisburg, USA, 4.000 MA)	9/1991 – 1998 Technischer Direktor, ab 11/1992 Technischer Geschäftsführer; Sondermaschinenbau für die Applikation von Kleb- und Dichtstoffen
N.N. ein Unternehmen der Verpackungsbranche (US-Tochter)	1999 bis heute Alleingeschäftsführer, 600 MA

Muster 14 Lebenslauf ohne Angabe des jetzigen Arbeitgebers

Kommentar zum Lebenslauf 4: Gut dargestellter Lebenslauf, letztes Unternehmen wird, da der Kandidat ungekündigt ist, nicht namentlich erwähnt, sondern umschrieben.

Über zweispaltige Versionen der Lebensläufe hinaus gibt es drei- und vierspaltige. Und Sonderfälle mit grafischen Aufbereitungen (vgl. Bürkle 1996, Seite 206 f.). Für den erfahrenen Ingenieur empfiehlt sich jedoch ein Lebenslauf nach Muster 13 oder 14 auf maximal zwei Seiten.

5.7 Berufserfahrung

Um das Anschreiben und den Lebenslauf knapp und übersichtlich gestalten zu können und nicht zu überfrachten, empfiehlt es sich, das berufliche Know-how in einer extra Aufstellung aufzulisten

Mit einer Zusammenstellung Ihrer fachlichen Schwerpunkte, Führungserfahrungen, Leistungen und Projekterfolge kann es Ihnen gelingen, den Leser davon zu überzeugen, daß Sie die Stellenanforderungen sehr gut erfüllen würden und sogar besser als andere sind, die sich ebenfalls schriftlich bewerben.

Über den Lebenslauf hinaus erwartet der Leser Informationen über Ihre Qualifikation, Berufserfahrungen und vor allem Erfolgsnachweise, die Sie aus der letzten Zeit vorweisen können. So geht es in der Leistungsbeschreibung nicht allein darum, welche Funktion Sie inne hatten, sondern auch welche Ziele Sie mit welchem Erfolg erfüllt haben.

Es gibt für diese Aufstellung keine Standards. Es geht darum, diejenigen gelösten Aufgaben und Erfolge besonders zu betonen und sachlich darzustellen, die für die angepeilte neue Position von wesentlicher Bedeutung sind oder sein können. Es sollten vor allem die Aufgaben und Lösungen genannt werden, bei denen überdurchschnittliche Ergebnisse erreicht wurden. Dabei ist es wichtig, daß die Erfolge konkret beschrieben werden. Es reicht nicht nur: „Rationalisierung in der Fertigung durchgesetzt", sondern es muß heißen: „Rationalisierung in der Fertigung durchgesetzt, mit dem Ergebnis, daß bei gleichbleibender Auslastung die Kosten um 13 % gesenkt wurden".

Naturgemäß sind Ingenieure im persönlichen Auftritt etwas bescheidener als andere Berufsgattungen, was das Beschreiben der eigenen Erfolge betrifft. Es ist selbstverständlich, daß ein Werksleiter die Geschäftserfolge nicht alleine erzielt, sondern im Team bzw. in Zusammenarbeit mit seinen Mitarbeitern erreicht hat. Grundsätzlich gilt jedoch auch für den Ingenieur, sein Licht nicht unter den Scheffel zu stellen. Wer sich nicht in seinen Bewerbungsunterlagen profiliert und differenziert, braucht sich nicht zu wundern, wenn andere Mitbewerber vorgezogen werden.

Besonders für Ingenieure empfiehlt sich, nicht nur Aufgaben und Erfolge pro Unternehmen aufzuführen, sondern die speziellen Erfahrungsbereiche der letzten Jahre themenbezogen aufzulisten. Von einem 50-jährigen Ingenieur erwartet man keine ausführliche Darstellung all seiner beruflichen Aufgaben und Erfolge aus seiner Sturm- und Drangzeit. Entscheidend für die Beurteilung seiner Qualifikation sind die Leistungen der letzten 5 bis 7 Jahre bzw. aus der letzten Position.

Hier eine Liste an Erfolgen, die auf einen Ingenieur zutreffen können

- Kostensenkung durch Wertanalyse um 26 % bei Produkt X
- Schnellere Baustellenabwicklung durch neue Schalungstechnik
- Einführung neuer Systeme und Methoden
- Einhalten von Terminen unter besonders schwierigen Bedingungen
- Ertragssteigerung trotz schwieriger Situation am Markt
- Bindung von Neu- und Großkunden
- Kostensenkung im Montagebereich in Höhe von 6 %
- Sanierung eines Betriebes
- Reibungsloser Umzug einer Produktionsstätte in ein neues Gebäude oder an einen anderen Standort
- Verkürzung von Durchlaufzeiten um 27 %
- Senkung von Reklamationen um 6 %
- Qualitätssicherung auf hohem Niveau
- Sparsamer Materialverbrauch, geringerer Verschleiß
- Senkung von Arbeitsunfällen
- Spezielle Führungsleistungen
- Auswirkung der Führung auf die Zufriedenheit der Mitarbeiter

- Effizienzsteigerung über Einführung von Gruppenarbeit
- Neue Produktentwicklung
- Neues System zur Abwasserreinigung eingeführt

Die positiven Ergebnisse bzw. Veränderungen sollten möglichst unter Angabe des Prozentsatzes angegeben werden.

Nun folgen drei Muster *Berufserfahrungen* aus verschiedenen Branchen: von einem Textilingenieur, von einem Geschäftsführer aus dem Bereich Analysentechnik und von einem Werksleiter in der Metallverarbeitung.

Peter Reichert
Diplom-Ingenieur

Meine Berufserfahrungen als Produktionsleiter in der Textilbranche

Fertigungserfahrung

mit HAKA, Kinderbekleidung, Sportswear, Mäntel, Kostüme, Hemden und Blusen, DOB. Schwerpunkt war die Betriebsleitung in Deutschland, jedoch war ich immer wieder gefordert, die ausländischen Partnerbetriebe zu reorganisieren bzw. neu zu strukturieren.

Führungserfahrung

Fertigungsplanung, Arbeitsvorbereitung, Personaleinsatz planen, Mitarbeiter- motivation und -schulung, Durchsetzen von Entscheidungen und beispielgebendes Vormachen der neuen Produktionsschritte vor Ort. Produktionsleitung in Betrieben mit bis zu 1.000 Mitarbeitern.

Spezielle Stärke und Erfolge

Verkürzung der Durchlaufzeiten, Ertragssteigerung, Kostensenkung, Liefertreue her- stellen, Qualitätsverbesserung, Organisation und Neuaufbau von Produktionslinien im In- und Ausland.

Beispiele

Textilproduktion Rumänien

Der Betrieb fertigte unregelmäßig, ständig ergaben sich Qualitätsprobleme und Lieferschwierigkeiten. Es wurde eine andere Fertigung nach dem System des Auftraggebers vorgeschlagen. Wenn dieser Betrieb 100 % Leistung erbringen würde, könnten wir einen Fünfjahresvertrag zu beiderseitig besten Konditionen abschließen.

Ich habe die Aufgabe übernommen und gezielt kontrolliert:
a. Wareneingang, b. Zuschnitt, c. gleiche Bündel, d. gleiche Bänder und zudem Methodentraining eingeführt. Nach kurzer Zeit erzielte der Betrieb die ersten guten Ergebnisse. Damit war eine gute Grundlage für die Motivation der Mitarbeiter geschaffen. Schon nach 2 Monaten kam der Betrieb an den Hauptplätzen auf eine hundertprozentige Leistung. Dadurch kam es vorzeitig zur Verhandlung und zum Abschluß eines Fünfjahresvertrages mit für uns günstigsten Preisen.

Kurzeinsatz in Malaysia

In diesem Betrieb wurden 90.000 Teile plaziert und gefertigt. Bei Ankunft bzw. Übergabe waren 45.000 Teile fertig. Bei Kontrolle dieser Teile wurde festgestellt, daß die Kragengrößen zu klein waren, obwohl Schnitt und alle Schablonen mitgeliefert waren. Bei Kontrolle aller Abteilungen fand ich eine treppenförmige Schablone, die falsch nach Größen beschriftet und außerdem vom überwachenden Mitarbeiter nicht kontrolliert worden war. Nach Richtigstellung und Verbesserung weiterer 'Kleinigkeiten' war anschließend die Produktion in Ordnung.

China, Region Shanghai

Dort wurde in vielen kleinen Betrieben gefertigt, zudem jeweils unterschiedliche Produkte. Ich habe zunächst die Produkte in gleichartige Betriebe gelegt und plaziert. Anschließend auch die Arbeitsgänge systematisiert nach a. Bänder, b. Kontrolle, c. Bügelei, d. Verpackung. Nachdem dieses Gerüst festgelegt war, begannen wir mit der Arbeitsplatzgestaltung und anschließend mit einem Methodentraining.
Der Betrieb sowie die Mitarbeiter waren kurzfristig gut motiviert. Es gab wenig Änderungen, Termine konnten eingehalten werden, und vom Kunden gab es keine Reklamationen mehr.

Macao   103

In dem dortigen Betrieb war die gesamte Organisation mangelhaft. Ich habe zunächst eine einheitliche Arbeitsvorbereitung, die Produktionsplanung sowie den Produktionsbericht eingeführt.
Jeder Mitarbeiter, Planer oder Gruppenleiter wurde von mir angewiesen mit den gleichen Formblättern zu arbeiten. Jeder Gruppenleiter bekam die Verplanung sowie Listen über die Fertigteile. Fertigteile wurden sofort aufgehängt, kontrolliert und gebügelt. Anschließend die Endkontrolle bei der Verpackung durchgeführt. Ergänzend führt ich den Wochenbericht, Bänder sowie die Gesamtverplanung ein.

Auslandserfahrung gesamt in den Ländern:
China, Südkorea, Vietnam, Thailand, Indien, Bulgarien, Rumänien, Griechenland, Jugoslawien, Italien, Malta.

– – –

Heute suche ich eine neue Herausforderung in leitender Ebene in einem Textilunternehmen in Deutschland bzw. in entsprechenden Beschaffungsmärkten im Ausland.

Muster 15 Berufserfahrung eines Textilingenieurs

Dr.-Ing. Manfred Schneider

Meine Berufserfahrungen als Geschäftsführer im Marktsegment Analysentechnik

Führung des Geschäftsbereichs Analysentechnik Verantwortung:
360 Mitarbeiter, über 100 Mio. DM Umsatz, Produkte der Gasanalyse, Entwicklung, Fertigung, Marketing, Export, Engineering, Vertrieb, Controlling, Personal.

Erfolg: Schaffung einer schnittstellenfreien Organisations- struktur, Durchführung von Restrukturierungsmaßnahmen, räumliche Verdichtung der Aktivitäten zur Reduktion von Infrastrukturkosten, Maßnahmen zur Effizienzsteigerung bei den Vertriebsabläufen, drastische Verkürzung der Lieferzeiten und Abbau von Lagerkapazitäten.

Geschäftsführung

Verantwortung als Mit-Geschäftsführer: Vertrieb weltweit, Mitverantwortung für Entscheidungen, welche die Gesamtinteressen des Unternehmens betreffen.

Energietechnik

Verantwortung: Auslegung von Solaraggregaten, Marktuntersuchungen, ROI-Rechnungen. Erfolge: Die Arbeiten dienten zur schnellen Kosten/Nutzen-Analyse, bildeten die Basis für Investitionsentscheidungen und technische Auslegungen.

Projektleitung rechnergestützte Messtechnik

Verantwortung: 1 Jahr Resident Engineer in den USA für eine Anlage zur Datenerfassung eines nuklearen Testreaktors, Leitung der Installation der Anlage in Deutschland. Erfolge: Installation im Zeitplan, volle Leistungsfähigkeit, Erstellung neuer Auswertetechniken.

Marketing, Projektleitung Lasertechnik

Verantwortung: Projektleitung für Entwicklungsprojekt, Strategieplanung für Firmenakquisition, Produktspezifikation und Vermarktung, Leiter eines internationalen HEUREKA-Projektes mit 16 Partnern, Definition der Projektstruktur und der technischen Spezifikationen, Budgetierung. Erfolge: erheblicher Beitrag zu einer effizienten Projektstruktur, erfolgreiche Firmenakquisition, Zuteilung von Fördergeldern in Höhe von ca. 6 Mio. DM.

Marketing Analysentechnik

Verantwortung: Zuständig für 50 Mio. DM Geräteumsatz, Produktspezifikation nach internationalen Anforderungen, Markt- und Wettbewerbsanalyse, Marketing- und

Absatzplanung nach Regionen und Branchen, Markteinführung neuer Produkte, Dokumentation, Werbung, Schulung, Preisgestaltung, Produktveranstaltungen. Erfolge: Definition einer marktgerechten, zukunftweisenden Produktreihe, Erschließung neuer Zielgruppen, erhebliche Verbesserung der internationalen Kommunikationsstruktur, Fokussierung auf Kernprodukte, erhebliche Kostenreduktion bei der Dokumentation, effiziente Tools zur Beschleunigung der Auftragsabwicklung.

Engineering/Angebotsunterstützung

Verantwortung: Standardisierung von Analysensystemen nach internationalen Anforderungen. Engineering/Konstruktion von Vertriebsaufträgen nach Kostenvorgaben, Volumen 40 Mio. DM. Erfolge: Systematisierung/ Standardisierung wesentlicher Systemlösungen für weltweite Anwendung, Restrukturierung zur Ergebnisverbesserung und zur Erreichung klarer Ablaufstrukturen.

Export

Verantwortung: Für 30 Mio. DM Export Geräte, Auftragsbearbeitung, Absatzplanung, Produktunterstützung. Erfolge: Einführung von automatischen Abwicklungstools, Schulung und Produktpräsentation bei Niederlassungen und Vertretungen. Vertrags- und Preisgestaltung.

Entwicklung

Verantwortung: Für Analysatoren mit Umsatzvolumen von ca. 55 Mio. DM und Systemumsatz weltweit von über 100 Mio. DM. Erfolge: Fokussierung auf zukunftsweisende und wettbewerbsfähige Produkte mit hohem Kundennutzen, Ausrichtung auf niedrige Fertigungstiefe, geringe Varianz, Höchstmaß an Einheitlichkeit, zukunftsweisende Kommunikationsschnittstellen, hohe lokale Wertschöpfung, Modularität.

Projektleitung neues Analysen-Produktprogramm

Verantwortung: Koordination aller zugehörigen Aktivitäten in allen betroffenen Bereichen, auch Fertigung, Vertrieb, Service und internationale Geschäftsstellen. Erfolg: Zeitgerechte Durchführung, Strukturanpassungen in Fertigung, internationale Markteinführung, Preisgestaltung.

Sonstige Qualifikationen

16 wissenschaftlich-technische Veröffentlichungen.

Seminare: Personalführung, Kostenanalyse, Präsentationstechniken, Problemlösungstechniken, Ausbildung in Total Quality Management (TQM, TQM-Trainer), EKS-Strategie.

Mitarbeit in verschiedenen Gremien der Branche.

Sprachkenntnisse: Englisch und Französisch fließend, etwas Spanisch.

Muster 16 Berufserfahrung eines Geschäftsführer aus der Analysentechnik

Reinhard Sarfert
Diplom-Ingenieur

Meine Berufserfahrungen und Erfolge als Produktions- bzw. Werkleiter in der Metallverarbeitung

Produktivitätssteigerung

- kurzfristige Steigerung der Ausbringung in der Fertigung in einem Monat um 80 %
- mittelfristige, kontinuierliche Steigerung der Ausbringung innerhalb von sechs Monaten um 35 %
- Verkürzung der Durchlaufzeiten von > 3 Monaten auf 3 Wochen
- Integration der Servicebereiche in die Fertigung
- Schnittstelleneliminierung zwischen den Fertigungsbereichen

Entwicklungsmanagement   107

- Konzeptionierung und Anfertigung von modular aufgebauten Betriebsmitteln mit untereinander austauschbaren Komponenten
- Konzeptionierung und Erstellung einer internen Auftrags- und Stücklistenverwaltung einschließlich automatischer Nachkalkulation auf ACCESS-Basis für den Betriebsmittelbau im PC-Netzwerk
- Aufbau und Integration einer Arbeitsvorbereitung sowie Neukonzeptionierung der Betriebsmittelausgabe als Teamstruktur (inkl. Administration)
- Durchführung von MTM-Schulungen

Materialkostenmanagement

- Reduzierung der Vorratshaltung an Vormischungen um 90 %
- Abbau des Zwischenlagers in der Fertigung um 80 %

Management und Strategie

- Erarbeitung, Vorstellung und Umsetzung eines Konzeptes zur Restrukturierung und Integration der Servicebereiche in die Fertigung auf Basis der Teamarbeit
- Aufbau von externen Partnern für den Betriebsmittelbau, Reduzierung des Eigenanteils auf Prototypenbau und Reparaturarbeiten
- Vermittlung von Interessen der Geschäftsführung und des Betriebsrates bei der Vorbereitung einer leistungsorientierten Entlohnung
- Ausarbeitung von Betriebsvereinbarungen bezüglich Arbeitszeitmodellen (Umstellung von 5- auf 6-Tage-Woche)

Qualitätsmanagement

- Auswahl und Einführung eines Qualitäts-Management-Systems in der Fertigung
- Unterstützung bei der Zertifizierung nach DIN ISO 9001

Führung

- Mitinitiator bei der Einführung der konsensorientierten Teamarbeit auf allen Unternehmens-Ebenen, Moderation von Teams unterschiedlichster Team Entwicklungsstufen
- konsequente Steigerung der Eigenverantwortung der Mitarbeiter durch Delegation

- Motivation durch konsensorientierte Mitarbeiterführung, Coaching von Teams der unterschiedlichsten hierarchischen Ebenen
- Lösung schwieriger zwischenmenschlicher Konflikte durch zielorientierten Lösungsansatz
- Ausgeprägtes Vertrauensverhältnis zu den Mitarbeitern bei gleichzeitiger Zielerfüllung
- Entdeckung und Förderung fachlicher und soziale Potentiale der Mitarbeiter im Sinne einer optimalen Ressourcenverwendung

Fremdsprachen

Englisch, Niederländisch, Dänisch

Fachverbände

Mitgliedschaft beim REFA-Verband, der MTM-Gesellschaft und im VDI.

Muster 17 Berufserfahrung eines Werkleiters in der Metallverarbeitung

Die Aufstellung der Berufserfahrungen wertet die Bewerbungsmappe auf und ist zugleich für die Interviewer in einem Vorstellungsgespräch ein möglicher Leitfaden, um gezielt Fragen an den Bewerber stellen zu können. Die Mühe für die Erstellung der Berufserfahrungsliste machen sich bezahlt, da man in den Vorstellungsgesprächen schneller und konkreter auf die Fähigkeiten des Kandidaten zu sprechen kommt.

Das Präsentieren der Berufserfahrungen hat Parallelen in angelsächsischen Ländern und so finden Sie in Abb. Nr. 20 ein Muster aus Winning Resumes (Robin Ryan 1997, Seite 114 f.):

Um die Chancen bei den angeschrieben Firmen noch mehr zu verbessern, kommt bei Unternehmen, über die man weitere Informationen hat, ergänzend die Liste 'Nutzwert' in Betracht.

FUNCTIONAL   109

Dennis Slaven
1 Main Street
City, NY 11111
(201) 555-0111

CAREER OBJECTIVE: Manufacturing Engineer

SUMMARY OF QUALIFICATIONS

Twelve years proven expertise in manufacturing engineering, quality assurance and design engineering within a manufacturing environment. Demonstrated technical problem-solving abilities utilizing superior communication skills. Successfully implemented Total Quality Management concepts within manufacturing plants and at vendor sites. Results-oriented through development of cost-efficiency modifications, productivity increases and labor cost reductions.

PROFESSIONAL EXPERIENCE

Quality Assurance
- Implemented new 4-year quality assurance programs to 7 manufacturing plant personnel including: training on-site applications, Failure Mode and Effect Analysis, change recommendations, Design of Experiments, extensive documentation, vendor quality requirements. Received Ford's Q-1 award at 4 plants within two years.
- Efficiently dealt with employee resistance to quality improvements through training, selling teamwork concept and personal empowerment.
- Evaluated 50 suppliers in on-site inspections to improve quality of parts received to build final product. Eliminated 8 suppliers, set requirements for 30 organizations' improvements.
- Coordinated the successful implementation of new SPC systems on steel welding to retain $6.3M vendor contract over 3 year period.

Engineering
- Evaluated labor cost for production, redesigned production area and work flow, increased productivity and reduced labor costs by $79,000 annually.
- Analyzed work flow & production use for cost/benefit on 90 new equipment proposals: $8K–250K range.
- New product designer of gauges, fixtures, metal fasteners, transportation packaging, wood products, plastic components and equipment modifications.

Management
- Implemented new bar code system on multi-thousand piece inventory for three plants. Resulted in 21% accuracy increase and eliminated 6 full time positions for annual savings of $300,000.
- Extensive budget experience dealing with strict financial constraints, 10% cutbacks, maintaining productivity and employee motivation.
- Audited consumer product packaging using SPC techniques. Evaluated, analyzed, achieved national consistency on products. Implemented changes, reached image goals, reduced costs $135K.

PROVEN RESUMÉ SUCCESSES

COMPUTER SKILLS

Proficient on Mainframe, IBM, Macintosh with experience in Lotus, Quattro Pro, Word-Perfect, AutoCad, customized design/drafting software, 3-D design. Troubleshooting ability to repair hardware problems.

WORK HISTORY

Design Engineer, Kids Toys, Inc., Detroit, MI, Oct., 1991–Present
Quality Assurance Engineer, North American Automotive, Indianapolis, IN, 1985–1991
Manufacturing Engineer, John Deere Parts, Milan, IL, 1980–1983
Industrial Engineer, Equipment Company, Detroit, MI, 1978–1980

EDUCATION

MBA, Indiana State University, 1985
B.A., Engineering, Indiana State University, 1978

Abb. 20 Präsentation der Berufserfahrung nach amerikanischer Art

5.8 Nutzwert

Ist die Aufstellung der Berufserfahrungen eher eine Rückspiegelbetrachtung des beruflichen Werdegangs, so ist die Liste 'Nutzwert' zukunftsorientiert aufgebaut: Der Bewerber formuliert darin, was er nach seinem Stellenantritt für das Unternehmen im speziellen tun könnte, wo seine beruflichen Stärken liegen und zu welchem Erfolg er beitragen kann.

Arno Mustermann (52)
Diplom-Ingenieur

Mein Nutzwert für Ihr Unternehmen

Leistungsreserven in der Produktion erkennen und schnell umsetzen in Effizienz und Ertragsteigerung – sei dies als Technischer Leiter/ Werkleiter oder Turnaround-Manager auf Zeit.

Meine Qualifikation

Mehr als zwanzig Jahre Know-how aus Unternehmen der Elektrotechnik.
Derzeit Interim-Manager auf Geschäftsführungsebene in einem mittelständischen
Konzernunternehmen der Elektro-, Bau- und Befestigungstechnik. Eindeutige Erfolge
in der gestellten Aufgabe 'Neustrukturierung und Ertragssteigerung'.
Stärke: Rationalisierung, Automatisierung, Kostenmanagement, Motivation.

Branchenkenntnisse

Elektroinstallationstechnik, Elektromechanik, Elektoapparatebau,
Kunststoff- und Metallverarbeitung.

Was ich beispielsweise für Ihr Unternehmen leisten kann

– Neustrukturierung eines Unternehmens
– Strukturierung nach Produktsparten
– Neuordnung der Geschäftsprozesse
– Einführung von Projektorganisation und -management
– Optimierung der Gesamtlogistik
– Neugliederung der Fertigung
– Einführung von Gruppenarbeit und Leistungsentlohnung
– Flexibilisierung der Arbeitszeiten und Einführung von Schichtsystemen
– Aufbau eines Produktionscontrollings
– Ausbau des PPS-Systems und Integration eines Betriebsdatenerfassungssystems.

Bisherige Ergebnisse in einem Zeitraum von 18 Monaten

– Reduzierung der Produktenwicklungszeiten um 45 %
– Auftragsdurchlaufzeiten um 60 % gekürzt
– Liefertreue auf 98 % verbessert
– Bestände um 25 % reduziert
– Produktivität um 15 % gesteigert
– Selbstkosten um 24 % gesenkt
– Umsatzsteigerung von 19 % ohne Personalaufbau

Muster 18 Nutzwertdarstellung eines Ingenieurs der Elektrotechnik

5.9   Patente

Ingenieure aus dem Bereich Forschung und Entwicklung müssen ihre Innovationsideen, Gebrauchsmuster und Patente ebenso wie andere berufliche Leistungen in der Bewerbungsmappe präsentieren. Es ist nicht sinnvoll, Patentschriften in Kopie beizulegen, es genügt, eine Auflistung derselben.

Manche Unternehmen gehen mittlerweile dazu über, Innovationen nicht als Patente anzumelden, um dem Wettbewerb den Zugang zu ihrem Know-how zu erschweren. Dann gilt trotzdem: Stellen Sie Ihr Licht nicht unter den Scheffel. Umschreiben Sie die patentwürdigen Ergebnisse, verraten Sie jedoch keine Firmengeheimnisse!

Ralf Weissenberg
Diplom-Ingenieur

Patente und Erfindungen

lfd. Nr.	Benennung	Patent-Nr.

für das Unternehmen Friedrich Hansa

lfd. Nr.	Benennung	Patent-Nr.
01	Einhandmischventil	P2301881
02	verschiebbarer Handbrausehalter	P2342612, 5.12.1992
03	verschiebbarer Handbrausehalter	P2342616, 6.12.1992
04	verschiebbarer Handbrausehalter	P339839, 11.1.92

05	Brausewandstange	P400330, Schweden	113
06	Brausekopf für die Erzeugung von Massagestrahlen	P2342812.2 1.2.93	
07	Massagebrausekopf 22.2.93	P2342911	
08	Exzenterwandanschluß für Mischbatterien 23.2.93	P2346332	
09	Sicherheitsventil 26.2.93		
10	Leuchte (Lichtfliese) 17.4.93	P215722	
11	Druckflüssigkeitsantrieb für Ventil 26.4.93	P231554	
12	Ventilkörper für Sanitärarmaturen 27.4.93	P2351702	
13	Rückschlagventil	21.5.93	
14	verstellbarer Brausewandarm	14.2.93	
15	verwindungsfreier Brauseschlauch mit Steckkupplung	18.2.93	

für das Unternehmen J. A. Peters AG

16	Feder für Nagel- bzw. Hautzangen	G760813.0 19.6.94
17	Schere mit Kunststoffaugen	P2512118.4 G7508814.9 3974513US
18	Schere mit Rohraugen 13.8.98	P2512117.3 G7508153.8 3979126US

Muster 19 Patente

5.10 Publikationen

Publikationen sind ein wichtiger Baustein, mit dem sich Bewerber profilieren können. Dies kann mittels Veröffentlichungen des Bewerbers in Fachzeitschriften, Büchern, Beiträgen in Radio- und Fernsehsendungen, oder durch Seminare, Vorträge bei Fachtagungen geschehen.

Auch passive Publikationen, Veröffentlichungen über den Bewerber, sei dies durch Zeitungsartikel oder andere Medien, in denen der Bewerber in seiner geschäftlichen Funktion als erfolgreich beschrieben wird, können aufgelistet werden.

Dr. Peter Möller

Publikationen

Veröffentlichungen

List, H. und P. Möller: Fräsbearbeitung, werkzeugmaschine international 1 (1991) 6, S. 27 – 34.

List, H. und P. Möller: Automatisierte Arbeitsplanerstellung, werkzeugmaschine international 2 (1992) 2, S. 39 – 46.

List, H. und P. Möller: Fertigungsbeschreibendes Klassifizierungssystem, werkzeugmaschine international 2 (1992) 5, S. 17 – 22.

Möller, P.: Praktische Handhabung des fertigungsbeschreibenden Klassifizierungssystems, werkzeugmaschine international 2 (1992) 6, S. 21 – 30.

List, H. und P. Möller: Analyse der Bearbeitungsnotwendigkeiten beim Fräsen, Essen:, HGF-Kurzberichte (Loseblattsammlung) Bl. 72/92.
List, H. und P. Möller: Rationalisierung der Arbeitsvorbereitung durch Automatisierung der Arbeitsplanerstellung, Essen: Girardet-Verlag, HGF-Kurzberichte (Loseblattsammlung) Bl. 72/93.

List, H. und P. Möller: Maschinendaten, werkzeugmaschine international 3 (1993) 2,   115
S. 43 – 49.

Tullenmaier, K. und P. Möller: Technologische Arbeitsvorgang-Reihenfolgeplanung
TZ 67 (1993) 4, S. 127 – 133.

List, H. und P. Möller: Fertigungsbeschreibendes Klassifizierungssystem – Broschüre,
Würzburg: Vogel-Verlag, Kommissionsvertrieb Technischer Verlag G. Grossmann
GmbH, Stuttgart-Vaihingen 1993.

List, H. und P. Möller: Fertigungsbeschreibendes Klassifizierungssystem – Broschüre,
japanische Lizenzausgabe, Tokio: Noda Keizai Kenkyu-Sho-Verlag, 1994.

List, H. und P. Möller: Numerische Beschreibung technologischer Eigenschaften von
Fertigungseinrichtungen, Essen: Girardet-Verlag, HGF-Kurzberichte (Loseblattsammlung) Bl. 74/92.

Möller, P.: Maschinenbelegung mit EDV. In Bd. 6 der Fachbuchreihe „werkzeugmaschine
international", Würzburg, Dissertationsnachdruck Universität Stuttgart, 1995.

Möller, P.: Investitionsplanung und Werkzeugmaschineneinsatz mittels Arbeitsgang-
verschlüsselung, in „Produktbezogenens Konstruieren von Werkzeugmaschinen".
Vorlesungsmanuskript Werkzeugmaschinen 2 des Lehrstuhls und Instituts für
Werkzeugmaschinen der Universität Stuttgart, Stuttgart 1996.

Möller, P. und W. Schneider: Rechnerunterstützte Vorgabezeitermittlung im Dialog mit
Kleinrechner, TZ f. prkt. Metallbearb. 70 (1996) 6, S. 204 – 208.

Möller, P. und W. Schneider: Vorgabezeitermittlung im Dialog mit Kleinrechner, Essen,
HGF-Kurzberichte (Loseblattsammlung) Bl. 97/14.

Vorträge

Regelmäßige Vorlesungen als Lehrbeauftragter im Wintersemester an der Universität
Stuttgart zum Thema 'Innovation im Werkzeugbau', seit 1996 bis heute, Lehrstuhl Professor Dr. Leibinger.

Podiumsdiskussion am 16.3.1999, Stuttgarter Innovationstage, Südwestfunk-Fernse-
hen.

Muster 20 Publikationen

Dr. Peter Möller

Berufsbezogene Berichte

Stuttgarter Zeitung 30.11.1998, Seite 12: Eröffnung des PHÖNIX-Werks II
in Bad Cannstatt.

Manager Magazin 1/99, Seite 47 ff.: Werkzeugbau im Aufwind.

Und andere.

Muster 21 Passive Publikationen

Die passiven Veröffentlichungen können in Kopie der Bewerbungsmappe beigefügt werden, wenn die Inhalte wirklich aussagefähig
und diese Texte nicht nur 'Jubelartikel' sind. Ansonsten bringt man
die Artikel zum Vorstellungsgespräch mit.

5.11 Weiterbildung

Manche Bewerber legen der Bewerbungsmappe eine Fülle an Zeugnissen der Weiterbildungsmaßnahmen bei. Bitte tun Sie das nicht! Es
genügt die Auflistung wie bei dem folgenen Muster. Möchte tatsächlich jemand die Zeugnisse bzw. Teilnahmebescheinigungen sehen,
können diese nachgereicht werden

Michael **Mustermann**
Diplom-Ingenieur

Berufliche Weiterbildung

Seminar:	Veranstalter, Ort:	Datum:
Strategie & Unternehmensführung		
Management-Lehrgang für die neuernannte Führungskraft	Zentrum für Unternehmens- führung (ZfU), Schweiz	10/1994
verschiedene firmeninterne Strategie- und Managementseminare	Mertz GmbH und N.N., börsennotierte AG	1991-96 1996-98
Managing Partnerships and strategic Alliances	INSEAD Paris	5/1998
Organisation, EDV & Technik		
Elektro-CAD "ELCAD", Seminar	Fa. Aucotec, Hannover	6/1992
Informationsgewinnung ONLINE-Datenbanken	Fraunhofer-Gesellschaft, Stuttgart	9/1992
Patente und Schutzrechte, Patentrecherchen in Datenbanken	STN International, Heidelberg	11/1992
DIN ISO 9000 ff. - Einführungsstrategien	Kernforschungszentrum, Karlsruhe	3/1993
UNIX/SINIX-Grundlagen & Vertiefung	Siemens Nixdorf Informationssysteme AG	3 + 9/1994
Maschinenrichtlinie DIN VDE 0113 und CE-Kennzeichen	TÜV Südwest, IHK Heilbronn	10/1994
Produktionsprozeßsteuerungs- systeme (PPS) für Kleinserien- und Einzelfertigung	Institut für Operations Research & Management, Aachen	12/1994
Sprachen		
Englisch	OISE, Oxford	10-11/1992
Englisch	OISE, Oxford	4/1993

Muster 22 Weiterbildung

5.12 Auslandserfahrung

Aufgrund hoher Exportquoten sind deutsche Ingenieure aus allen möglichen Branchen recht häufig im Ausland tätig. Sei dies bei der Montageüberwachung, mit Serviceaufgaben oder Baustellenleitung, oder im Vertrieb von Maschinen, Aggregaten und Dienstleistungen.

Wer nur geringe Ländererfahrung hat, kann diese im Rahmen der Aufstellung Berufserfahrung mit einbauen. Bei umfangreicher Auslandserfahrung bietet sich jedoch eine extra Liste (Muster 23) an, die fogendermaßen aussehen kann:

Felix Mustermann
Diplom-Ingenieur

Meine Auslandserfahrung als Vertriebsingenieur

Länder

Bulgarien	9 – 11/1991
Slowakei, Ungarn	1 – 4/1993
Singapur/Malysia	6/95 – 9/1995
Rumänien	3/1996 bis heute regelmäßig
USA	4/1994, 8/1996
Tschechien	1997 bis heute regelmäßig
Polen	4/1998 bis heute regelmäßig

| Frankreich | 1995 – 1999 jede EMU-Messe in Paris | 119 |

Fremdsprachen   Englisch verhandlungssicher,
                           Russisch Schrift und Verstehen,
                           Französisch gut

Gesundheit   tropentauglich

Beziehungsgruppen in diversen Ländern, wie
Deutsche Botschaften und AHKs (Außenhandelskammern)
Ungarische Telekom
Polnische Telekom
Tschechischer Wirtschaftsrat

Muster 23 Auslandserfahrung

5.13 Referenzen

Referenzen sind einerseits (geschäftliche) Empfehlungen, andererseits die Personen oder Institutionen, bei denen man eine Referenz einholen kann. So wie Referenzen im Angebotswesen für ein Produkt oder eine Dienstleistung eingeholt werden, so eben auch in Personalfragen. Die Referenzen verstärken die Sicherheit bei der Entscheidung zugunsten oder gegen einen Bewerber.

Vor einem Bewerbungsgespräch müssen Ihre möglichen Referenzgeber noch nicht definitiv angesprochen sein, jedoch sollten Sie sich intensiv dann darum kümmern, für den Fall, daß Sie bei Bewerbungsgesprächen danach gefragt werden.

Doch um es gleich anzumerken: Eine Referenzenliste gehört nicht in die Bewerbungsunterlagen, gleichgültig wie honorig die genannten Personen auch sind. Zwei Gründe sprechen dagegen: Es ist unfair gegenüber den Benannten, in Listen „gehandelt" zu wer-

den. Zudem kann der Eindruck entstehen, daß man diese Referenz-
liste nötig hätte, daß zuwenig für den Kandidaten selbst spricht und
man deshalb Empfehler als Ersatz für die eigene Leistung benennt.

Referenzen werden dann angefordert, wenn es um hochkarätige
Aufgaben, um vertrauliche Positionen oder um Spezialwissen geht.
Die Referenzgeber sollten über die Leistung des Bewerbers auch
wirklich etwas aussagen können. Suchen Sie Ihre Referenzgeber aus
Ihrem beruflichen, jedoch nicht aus dem kirchlichen Bereich oder
Vereinsleben aus.

Grundsätzlich benennt man die Referenzgeber nur nach Ab-
sprache und wenn man weiß, daß diese positiv über Sie urteilen.
Am besten telefoniert man mit den Referenzgebern um sie zu
informieren, daß evtl. von Fa. X oder Y aus angerufen wird. Dem
interessierten Unternehmen gibt man dann einige Tage später die
Anschriften, Telefon, Funktionsbezeichnung und die Zeiten, wann
die Referenzgeber am besten telefonisch erreichbar sind, durch.
Sind Sie in ungekündigter Position, ist es nicht ratsam, die jetzigen
Vorgesetzten, Lieferanten oder Kunden wegen einer Referenz anzusprechen.

Dann ist es besser, frühere Vorgesetzte in Erwägung zu ziehen,
die bereits im Ruhestand sind. Sie können auch Kollegen nennen,
von denen Sie wissen, daß sie innerlich schon gekündigt haben,
jedoch noch im selben Unternehmen sind.

Hat man eine neue Aufgabe gefunden, ist es nur ein Akt der
Höflichkeit, den Referenzgebern zu danken und sie zu informieren,
daß der Positionswechsel geklappt hat. Diese Information kann
persönliche Verbindungen vertiefen, die ein ganzes Berufsleben
förderlich sind.

Bedenken Sie also: Referenzen müssen im positiven Sinne abgestimmt und sinnvoll sein. Sind Sie sich nicht ganz sicher, dann verzichten Sie lieber auf die Nennung eines Referenzgebers.

Für Top-Manager
Wolfgang Schonmann ist als Geschäftsführer in Stadt und Land wohl
bekannt. Er ist im Wirtschaftsausschuß, in kommunalen Gremien, im

Innovationsausschuß des Landes, als Aufsichtsrat von Unternehmen
tätig und hat dank seiner guten Arbeit eine Fülle an schriftlichen
Referenzen. Unter anderem persönliche Dankschreiben vom Mini-
sterpräsidenten des Landes, von Verbandsgeschäftsführern und
anderen ersten Adressen.

Soll er diese Referenzschreiben seiner Bewerbungsmappe beilegen?

Nein! Er schreibt statt dessen in seine Liste Berufserfahrung: Erste
Referenzen aus Wirtschaft und Politik sind vorhanden und können
bei Bedarf vorgelegt werden.

5.14 Zeugnisse

Häufig sind Bewerber erstaunt, wenn Ihnen geraten wird, sie mögen
ihr Zeugnis selbst entwerfen. Die Entgegnung, daß dies Aufgabe des
Vorgesetzten sei, geht am Thema vorbei, auch wenn der Vorgesetzte
juristisch verpflichtet ist, einem ausscheidenden Mitarbeiter ein
Zeugnis zu erstellen. Für einen Vorgesetzten ist die Zeugniserstellung ein großer Aufwand und er hat kein Eigeninteresse an der
Zeugniserstellung. Deshalb sollte der Bewerber dem Vorgesetzten
bzw. dem Personalleiter einen gut formulierten Zeugnistext als
Vorschlag geben.

Ein Zeugnis wird in folgenden Fällen eingefordert:
1. Bei Abschluß einer beruflichen Periode als Zwischenzeugnis,
   z.B. bei firmeninterner Versetzung
2. Bei Wechsel des Vorgesetzten als Zwischenzeugnis
3. Nach einer Kündigung und nach Abschluß einer zeitlich vorher
   begrenzten beruflichen Tätigkeit als Schlußzeugnis.

Bei Beendigung eines Dienstverhältnisses kann ein einfaches
Arbeitszeugnis angefordert werden. Darin wird lediglich festgehalten, in welchem Zeitraum und mit welchen Aufgaben oder mit

welcher Funktion der Mitarbeiter im Unternehmen tätig war. Es erfolgt dabei keine Bewertung seiner Leistung. Erfahrene Ingenieure sollten sich jedoch grundsätzlich ein qualifiziertes Arbeitszeugnis ausstellen lassen. Darin werden die Leistungen und das Verhalten beurteilt.

Zeugnisse sollen unter dem Grundsatz der Wahrheit und zudem wohlwollend formuliert geschrieben sein.

Zur Wahrheit gehört übrigens, daß die Leistungen eines Ingenieurs konkret aufgelistet werden und auch seine Erfolge für das Unternehmen. Oftmals sind die Unternehmen jedoch mit der Formulierung von konkreten Leistungsergebnissen zurückhaltend. Wenn hier keine Einigung für das Zeugnis erzielt werden kann, sollte der Bewerber seine Leistungserfolge in der Liste Berufserfahrung unterbringen.

Wenn es um das wohlwollende Zeugnis geht, tauchen meist Schwierigkeiten bei der Interpretation der „Soft Skills" auf. Wie ist das Führungsverhalten zu beurteilen? Wie das Sozialverhalten? Die Fülle an gerichtlichen Auseinandersetzungen zum Thema Zeugnis zeigt, wie unterschiedlich die Formulierungen zum Führungsverhalten und zur Leistungsbeurteilung bewertet werden.

Mittlerweile hat sich folgender „Geheimcode" bei der Dechiffrierung von Zeugnisformulierungen in Deutschland durchgesetzt:

Zufriedenheitsformeln bei der Leistungsbeurteilung:

– Gute Beurteilung bei weit überdurchschnittlicher Leistung:

Wir waren mit seinen Leistungen stets außerordentlich zufrieden;
oder:
Er hat seine Aufgaben stets zu unserer besten Zufriedenheit erledigt.

– Gute Beurteilung bei überdurchschnittlicher Leistung:

Er hat seine Aufgaben stets zu unserer vollen Zufriedenheit erledigt.

– Befriedigende Beurteilung bei durchschnittlicher Leistung:
Er hat seine Aufgaben zu unserer vollen Zufriedenheit erledigt.

123

– Ausreichende Beurteilung bei unterdurchschnittlicher Leistung:
Er hat seine Aufgaben zu unserer Zufriedenheit getan.

– Mangelhafte Beurteilung:
*Er hat seine Aufgaben im großen und ganzen zufriedenstellend
erledigt.*

Formulierungen wie „er bemühte sich, eine Aufgabe zu erledigen", ist
eine äußerst negative Formulierung. Genauso die Formulierung „er
hat die Aufgabe X zu unserer Zufriedenheit zu erledigen versucht".

Achten Sie darauf, daß Ihr Zeugnis so hochwertig wie möglich
formuliert ist. Bei schlechten Formulierungen können Sie auf Dauer
Probleme in Ihrer Karriereentwicklung bekommen.

Zusammenfassend hier die wichtigsten Punkte eines qualifizierten Zeugnisses:

- Überschrift Zeugnis oder Dienstzeugnis
- Persönliche Daten wie Vorname, Familienname, ggf.
  Geburtsname, Geburtsdatum, akademische Grade oder Titel
- Dauer des Beschäftigungsverhältnisses
- Angaben über alle wichtigen Aufgaben und Arbeitsplätze,
  Veränderungen des Arbeitsplatzes, Auslandsaufenthalte usw.
- Darstellung der persönlichen Entwicklung oder Laufbahn,
  durchlaufene hierarchische Positionen
- Beschreibung der derzeitigen Aufgaben
- Beschreibung von Sonderaufgaben, auch aus früherer Zeit,
  konkrete Erfolge
- Besondere Kenntnisse, die über das eigentliche Arbeitsgebiet
  herausgehen
- Beurteilung der Leistungen aus quantitativer und qualitativer
  Sicht
- Beurteilung des persönlichen Einsatzes, Weiterbildungs-
  initiativen

- Beurteilung der Vertrauenswürdigkeit und Loyalität
- Führungsfähigkeit
- Bedauern des Ausscheidens
- Dank für die Arbeit
- Gute Wünsche für die Zukunft
- Unterschrift, Datum

Der Grund für die Beendigung des Arbeitsverhältnisses braucht nicht angegeben zu werden. Wenn man sich dennoch auf eine Formulierung wie „im gegenseitigen Einvernehmen" geeinigt hat, sollte man besser schreiben, daß man sich „im besten Einvernehmen" getrennt hat.

Konzentrieren Sie sich bei der Zusammenstellung auf die wesentlichen Berufs- und Ausbildungsstationen und vergleichen Sie vor allem, ob die Daten im Lebenslauf mit denen in den Zeugnissen übereinstimmen. Weiterbildungszeugnisse empfehlen wir nicht der Bewerbungsmappe beizulegen, besser ist es eine „Liste Weiterbildung" zu erstellen, um die Zeugnisse bei Nachfrage im Bewerbungsgespräch vorzeigen zu können.

Hier nun einige interessante Schlußtexte von Zeugnissen
1. Herr X hat sich schnell in das anspruchsvolle Aufgabengebiet eingearbeitet und zusammen mit den zuständigen Marktbereichsleitern für eine gute kundenorientierte Produktrepräsentanz in den relevanten Märkten gesorgt.

Mit großem persönlichen Einsatz und Zielstrebigkeit hat Herr X die ihm gestellten Aufgaben, unter Berücksichtigung der wirtschaftlichen und strategischen Aspekte zu unserer besten Zufriedenheit gelöst. Bei auftretenden Problemen entwickelte er organisatorische, technische und strategisch sinnvolle Lösungen, die er dann zielstrebig und erfolgreich umsetzte. Herr X verstand es, seine Mitarbeiter zu sehr guten Ergebnissen zu motivieren. Durch seinen situativen, stets zielorientierten Führungsstil gelang es ihm, die Zusammenarbeit mit seinen Mitarbeitern und Kollegen auf eine gute Basis zu stellen. Sein Verhalten zu Mitarbeitern, Kollegen, externen Partnern und Vorgesetzten war stets einwandfrei.

Das Arbeitsverhältnis von Herrn X endet im besten gegenseitigen
Einvernehmen am 31.3.1999. Wir danken Herrn X für die engagierte
Mitarbeit in unserem Hause und wünschen ihm persönlich für seine
berufliche Zukunft alles erdenklich Gute und viel Erfolg.

Hier der Schlußtext eines Zwischenzeugnisses
Herr X ist für die Produktion an drei Standorten, nämlich in Hannover, Torgau und Leipzig im bereits beschriebenem Umfang verantwortlich. Ihm sind derzeit 460 Mitarbeiter sachlich und personell
unterstellt.

Neben seiner Funktion als Technischer Leiter verantwortet Herr
X seit Oktober 1998 auch die Position des Betriebsleiters im Werk
Hannover kommissarisch.

Wir können Herr X bestätigen, daß er alle ihm übertragenen
Aufgaben mit großer Sachkenntnis jederzeit zu unserer besten
Zufriedenheit erledigt. Herr X widmet sich den ihm gestellten Aufgaben mit großem Engagement. Seine Handlungsweise ist vor allem
durch unternehmerisches Denken geprägt und orientiert sich stets
am Unternehmensziel. In diesem Zusammenhang ist auch der enge
Kontakt zu sehen, den Herr X mit unserem Vertrieb, teilweise auch
mit direkt mit unseren Kunden hält, um technische Fragen und
Details schnellstmöglich zu klären.

Das Verhalten von Herrn X gegenüber Vorgesetzten, Kollegen
und den ihm unterstellten Mitarbeitern ist stets einwandfrei.

Dieses Zwischenzeugnis wird auf Wunsch von Herrn X aus-
gefertigt, da unser Unternehmen kurzfristig in andere Aktionärs-
hände übergehen wird. Wir möchten die Gelegenheit nutzen,
Herrn X für die bislang geleistete Arbeit zu danken und freuen
uns auf eine weiterhin gute Zusammenarbeit.

Weiteres Zeugnisbeispiel
Herr Dr. X erledigte sämtliche ihm übertragenen Aufgaben –
sowohl in seiner Stabs- als auch in seiner Linienverantwortung –
stets zu unserer besten Zufriedenheit. Seine persönliche Führung
und sein Verhalten gegenüber den Gesellschaftern und gegen-

über Mitarbeitern und Kunden waren stets einwandfrei und vorbildlich.

Wir möchten hervorheben, daß Herr Dr. X sich stets als loyale Führungskraft für unser Unternehmen eingesetzt hat. Auch in der schwierigen Phase des Jahres 1998 konnten wir stets auf seine absolute Loyalität und sein hohes menschliches und fachliches Engagement bauen. In der Führung der Mitarbeiter gab er kräftige Impulse zur Erreichung der gesetzten Ziele. Er besitzt die Fähigkeit zur erfolgreichen Motivierung für die zu lösenden Problemes und ist kreativ und innovativ. Wir bedauern um so mehr, daß nun die besonderen, nicht von Herrn Dr. X zu vertretenden Umstände, eine Trennung erfordern.

Herr Dr. X verläß unser Unternehmen am 30.4.1999. Nach der jahrelangen, erfolgreichen Führungstätigkeit für unser Unternehmen bedauern wir sein Ausscheiden sehr. Er hat die verschiedenen Produktbereiche mit großer Professionalität und Effizienz durch schwierige Zeiten geführt.

Wir bedanken uns bei Herrn Dr. X für seine ausgezeichneten Leistungen und wünschen ihm persönlich und beruflich weiterhin alles erdenklich Gute und viel Erfolg.

Ausbildungszeugnisse
Berufsanfänger legen natürlich ihre Schul- und Praktika-Zeugnisse in die Bewerbungsmappe. Der erfahrene Ingenieur jedoch nur das Zeugnis über den letzten Ausbildungsabschluß, beispielsweise die Diplom-Urkunde. Auch Zeugnisse der während dem Studium absolvierten Praktika dürften bei einem gestandenen Ingenieur keine Rolle mehr spielen. Denken Sie daran: Nur die wesentlichen Nachweise, die zu Ihrer Tätigkeit der letzten 7 Jahre etwas aussagen, sind entscheidungsrelevant.

Wenn in einem Bewerbungsgespräch weitere Urkunden zur Sprache kommen, haben Sie immer noch die Möglichkeit, jene nachzureichen.

Noch ein Hinweis zur Sortierung der Zeugniss in der Bewerbungsmappe: Die neuesten Zeugnisse nach oben, die ältesten ganz nach unten legen.

Aufbau und Bestandteile eines vollständigen und wohlgeordneten Zeugnisses				
Eingangssatz				
Titel, Vorname, Name, (Geburtsname), Geburtsdatum, (Geburtsort), Tätigkeitsbezeichnung(en), Dauer des Arbeitsverhältnisses				
Positions- und Aufgabenbeschreibung				
Hierarchische Position Einordnung, Berichtspflicht Stellvertretung	Haupt- und Sonderaufgaben Projekte, Ausschüsse Versetzungen Unternehmensskizze (Unternehmerverbund, Markt, Mitarbeiter)		Vollmachten, Prokura Kreditkompetenz Umsatzverantwortung Budgetverantwortung Investitionsvolumen Kapital, Bilanzsumme	
Beurteilung der Leistung und des Erfolges				
Arbeitsbereitsch. Motivation	Arbeitsbefähigung Können	Fachwissen Weiterbildung	Arbeitsweise Arbeitsstil	Arbeitserfolg Ergebnisse
Identifikation Engagement Initiative Dynamik, Elan Pflichtbewußtsein Zielstrebigkeit Energie, Fleiß Interesse Einsatzwille Mehrarbeit	Ausdauer Belastbarkeit Flexibilität Streßstabilität Optimismus Positives Denken Auffassungsgabe Denkvermögen Urteilsvermögen Konzentration Organisationstal. Kreativität	Inhalt Aktualität Umfang Tiefe Anwendung Nutzen Eigeninitiative Bildungserfolg Zertifikate	Selbständigkeit Zuverlässigkeit Sorgfalt Systematik Methodik Planung Sicherheit Sauberkeit	Qualität Verwertbarkeit Quantität Tempo Produktivität Umsatz, Rendite Intensität Termintreue Zielerreichung Sollerfüllung
Konkrete herausragende Erfolge				
Führungsumstände und Führungsleistung (bei Vorgesetzten)				
Zahl der Mitarbeiter Art der Mitarbeiter	Abteilungsleistung Arbeitsatmosphäre		Betriebsklima Mitarbeiterzufriedenheit	
Zusammenfassende Leistungsbeurteilung (Stetigkeit und Grad der Zufriedenheit)				
Beurteilung des Sozialverhaltens				
Verhalten zu Vorgesetzten und Kollegen	Verhalten zu Externen (Kunden)		Soziale Kompetenz	
Einwandfreiheit Vorbildlichkeit Wertschätzung Anerkennung Beliebtheit	Auftreten Kontaktfähigkeit Gesprächsverhalten Verhandlungsstärke Akquisitionsfähigkeit		Vertrauenswürdigkeit Ehrlichkeit, Integrität Loyalität, Diskretion Teamfähigkeit, Kooperation Kompromißbereitschaft Überzeugungsfähigkeit Durchsetzungsvermögen	
Schlußabsatz				
Beendigungsformel (Beendigungsinitiative) evtl. mit Begründung	Dankes-Bedauern-Formel Empfehlung, Verständnis Wiedereinstellungsaussage Wiederbewerbungsbitte		Zukunftswünsche Erfolgswünsche	
Ausstellungsdatum			Unterschriften	

Abb. 21 Zeugnisbestandteile nach Weuster/Scheer 1997, S.33

6 Musterbewerbungen

Der Schnelleser findet in diesem Kapitel typische Bewerbungsmuster und -texte, um seine eigene Bewerbung optimieren zu können. So sind im folgenden die Inhalte einer Bewerbungsmappe je zusammen hintereinander aufgeführt.

Dabei kann nicht auf alle Berufsfelder von Ingenieuren eingegangen werden. So sind diese Beispiele aus der Textilbranche, der Kunststoffbranche und der Verpackungstechnik.

6.1 Ingenieurin mit 45 Jahren

Silvia Reister ist von der Ausbildung her Textilingenieurin und hat eine leitende Aufgabe in einem deutschen Textilkonzern mit einer Premiummarke. Im folgenden finden Sie den Lebenslauf, die Liste der Berufserfahrung, die Zielgruppen-Kurzbewerbung mittels Treuhänder und schließlich ein Bewerbungsanschreiben auf eine Anzeige hin, jedoch von einer anderen Ingenieurin.

Lebenslauf

Zur Person

Name	Silvia Reister
Anschrift	Große Bleiche 33 D-40213 Düsseldorf Telefon 0211/89685
geboren am	27. Mai 1953 in Wadern/Saar
Familienstand	verheiratet, ein Sohn

Aus- und Weiterbildung

Volksschule und Haupt- schule in Wadern	1960 – 1968
ILMA-MODEN St. Wendel	1968 – 1971 Lehre als Kleidernäherin
Fachhochschule Sigmaringen	1979 Lehrgang Methodentraining
REFA-Verband Darmstadt	1980 REFA-Scheine A und B
Fachhochschule Textil Reutlingen	1981 – 1983 Diplom-Ingenieur (FH)
FAZ (Hrsg.) Frankfurt	1994 EKS-Strategie (Engpaß-konzentrierte Strategie), Management-Lehrgang

Beruf

FINK-MODELLE St. Wendel	1971 – 1978 Schneiderin DOB, Springerin
RICHARD PETERS KG Saarbrücken	1978 – 1981 Nähsaaldirectrice
TEXSTAR INTERNATIONAL S.A., Honduras	1984 – 1986 Produktionsleiterin für Herren-Jacken, Parka, Mäntel. Betriebsauflösung 1986 aufgrund politischer Spannungen
LEDEK Bekleidungs- GmbH, Bad Berleburg	1986 – 1990 Leiterin Planung und Abwicklung der Auslandsproduktion DOB, verantwortlich für gesamt Asien: Einkauf der Rohware bis zum Fertigprodukt

N.N. – deutscher Textil- konzern mit über 1 Mrd. DM Umsatz	1991 bis heute (1998) Assistentin des Technischen Leiters, seit 1994 technische Gesamtleitung, direkt dem Vorstand unterstellt	131

Muster 24 Lebenslauf

Silvia Reister

Meine Berufserfahrung in der Bekleidungsindustrie

Derzeitige Aufgabe
– Technische Gesamtleitung DOB mit Prokura
– Markenhersteller im gehobenen Genre
– Produktion und Qualitätssicherung
– verantwortlich von Auftragseingang bis Versandfreigabe

Führungsverantwortung im In- und Ausland
Durch Überzeugungskraft, Durchsetzungsvermögen und natürliche Autorität
hohe Motivation und Leistungsbereitschaft der Mitarbeiter erreicht, „Vormachen"
und Delegation, Schulungen, Führung der Mitarbeiter durch strategisches
Denken und klare Zielvorgaben.

Budgetverantwortung
Festsetzung des Budgetrahmens, Personalplanung, Kalkulationen,
Preisgestaltung, Budgetkontrolle.

132

Produktkenntnisse
- DOB, HAKA, Sportswear, Freizeitbekleidung, Blusen, Hemden, Strickwaren
- Markenproduke im gehobenen Genre
- Mittelgenre
- hochwertige Designerkollektion
- No Name DOB-Linie mit aggressivem Preis-Leistungsverhältnis und hervorragenden Abverkaufsquoten

Produktmanagement
Mitverantwortliche Funktionen in der Produktentwicklung und im Vertrieb; dies im Teamwork zusammen mit Spezialisten

Produktionsländer und Beschaffungsmärkte
Eigenverantwortlicher Aufbau und Handel von Produktionen in: Indonesien, China, Vietnam, Hongkong, Südkorea, Philippinen, Thailand, Indien, Karibik, Mittelamerika, Nordafrika und Europa

Dabei Beratung, Anleitung und Durchführung von modernen Produktionsverfahren und Verbesserungsmaßnahmen zu effizienter und qualitativ hochwertiger Fertigung, Einführung von Akkordsätzen und -entlohnung in allen Bereichen der Produktion, Arbeitsvorbereitung, Refa

Stoffbeschaffung und Zutaten
Akquisition, Kaufgeschäfte, Koordination mit den Produktionspartnern bei Vollgeschäften in Asien.

Schnittechnik
- beste Kenntnisse im schnittechnischen Bereich
- Schnitterstellung, Gradierungen, Schnittoptimierungen, CAD-Anlagen
- Festlegungen von Paßformklassen und Maßtabellen

Qualitätssicherung
- Festlegung von Qualitätsnormen
- Erstellung von Qualitäts-Handbüchern, ISO 9000
- Wareneingangskontrollen, Abnahme-Statistiken, Kontrollverfahren, TQM

Kontakte
zu Produktionsfirmen weltweit in Lohnveredelung und Vollgeschäft, zu Vorlieferanten für Stoffe und Zutaten in Asien und zu seriösen Agenten des Bekleidungshandels in Asien

Muster 25 Berufserfahrung

Treuhänder X 2.11.1998
Kennwort Bekleidung

Genfer Collection AG
Herrn Frank Messner
Postfach 112 342

D-40121 Düsseldorf

Bekleidungsindustrie:
Leiterin Produktion/Technik (45 Jahre, ppa) mit internationaler Erfahrung
managt Ihre Beschaffung und Endfertigung, sucht neue Herausforderung

Sehr geehrter Herr Messner,

eine Führungskraft aus Ihrer Branche hat mich gebeten, Ihnen vertraulich ihre
Bewerbungsinformationen zu übermitteln, da sie eine neue Herausforderung in
einem Unternehmen wie dem Ihren sucht.

Hier in Kurzform das Profil der Bewerberin:

- Fertigungs Know-how in DOB, HAKA, Jacken, Sportwear, Blusen, Hemden.
- Werdegang: Schneiderin, Directrice, Produktionsleitung im In- und Ausland,
  Beschaffungsmanager, Technischer Leiter ppa.
- Aufbau von Beschaffungsmärkten, insbesondere in Fernost und Südostasien
- Erfolge bei Aufbau und Reorganisation auch von größeren Produktionseinheiten
- Verbesserung der jeweiligen AV, Fertigungssteuerung, Lohngestaltung
- Kostensenkung und Ertragssteigerung in den geführten Betrieben
- Beste Erfahrungen im Aufbau und der Abwicklung von Lohnveredelung
  sowie von Handelsgeschäften (Vollkauf)
- Schnelles Umsetzen moderner Fertigungsmethoden, auch in fernöstlichen und
  mittelamerikanischen Ländern
- Erfahren mit verschiedensten Mentalitäten, Durchsetzung der neuenOrganisations-
  formen, der Liefertreue und der Qualitätsstandards
- derzeit Gesamtleitung der Produktion in einem Unternehmen mit
  sehr hochwertigem Genre bzw. Qualitätsstandard.

134

Sollten Sie kurz- oder mittelfristig eine entsprechende Aufgabe zu besetzen haben, bin ich Ihnen für eine Nachricht dankbar, die ich der Bewerberin umgehend zuleite. Sie wird Ihnen die ausführlichen Bewerbungsunterlagen zusenden bzw. für ein Gespräch gerne zur Verfügung stehen.

Mit freundlichen Grüßen
für die Bewerberin Kennwort „Bekleidung"

i.A. Treuhänder X

Muster 26   Treuhandbewerbung

Gudrun Löffler   Himmelsweg 1
Diplom-Ingenieur   55283 Oppenheim
                                        Telefon (06133) 42345
                                        22.11.98

Baumann & Partner
Personalberatung
Hanauer Landstrasse 123

D-60234 Frankfurt

Bewerbung als Leiterin Instandhaltung

Sehr geehrter Herr Dr. Lochmann,

mit Interesse habe ich in der Frankfurter Allgemeine Zeitung vom 22. November 1998 gelesen, daß Sie für ein führendes Unternehmen der Kfz-Zulieferindustrie eine erfah-

rene Führungskraft aus dem Bereich Instandhaltung suchen. Das beschriebene
Aufgabengebiet deckt sich mit meinen Erfahrungen und Qualifikationen, deshalb
möchte ich mich um die ausgeschriebene Stelle bewerben.

Als derzeitige Leiterin Technische Betriebe bei einem internationalen Kfz-Zulieferunternehmen bin ich verantwortlich für die Funktionstüchtigkeit der Anlagen, die Sicherstellung des reibungslosen Betriebsablaufes, Einführung neuer Technologien und
Implementation vorbeugender Instandhaltungsmaßnahmen unter den Gesichtspunkten: Minimierung von Ausfallzeiten, Optimierung der Anlagen- und Maschinennutzung. Meine weiteren Kenntnisse entnehmen Sie bitte der Bewerbungsmappe.

Ich bin in ungekündigter Stellung, sehe jedoch für mich bei meinem derzeitigen
Arbeitgeber aufgrund der gegebenen Unternehmensstrukturen mittelfristig
keine Entwicklungsmöglichkeiten. Meine Kündigungsfrist beträgt 3 Monate zum
Quartalsende und meine Gehaltsvorstellung liegt bei TDM 140 p.a.

Für ein vertiefendes Gespräch stehe ich Ihnen bzw. Ihrem Auftraggeber gerne zur Verfügung. Ich freue mich auf Ihre Antwort.

Mit freundlichen Grüßen
Gudrun Löffler

Anlage: Bewerbungsmappe

Muster 27   Bewerbungsanschreiben

6.2   Ingenieur mit 50 Jahren

Bernd Möller ist derzeit Vorstand Technik in einer mittelständischen
Firmengruppe, die Kunststoffteile herstellt und an die Kfz-Industrie
liefert. Im folgenden finden Sie die Muster Lebenslauf, Berufserfahrung und die Stellengesuchanzeige.

Curriculum Vitae

Zur Person

Name	Bernd Möller
Anschrift	Am Sportplatz 9 D-53489 Bad Bodendorf Telefon 02642-43777
geboren am	7. Juni 1949 in Geislingen
Familienstand	verheiratet, zwei Töchter

Ausbildung

Grundschule Giengen	1956 – 1960
Gymnasium Göppingen	1960 – 1968 Abitur
Bundeswehr Böblingen	1968 – 1969 Wehrdienst, Leutnant der Reserve
Universität Stuttgart	1969 – 1974 Studium des Maschinenbaus, Diplom-Ingenieur

Beruf

Dachstein GmbH Göppingen	1975 – 1977 Assistent des Geschäftsführers

KANTEX GmbH Bonn	1977 – 1995 1977 Assistent in der Anwendungstechnik 1978 Abteilungsleiter Spritzguß, Blasen, Konfektion 1985 Prokura 1988 Mitglied der Geschäftsleitung, Leiter der Hauptabteilung Verfahrenstechnik mit Betreuung von diversen in- und ausländischen Werken, insgesamt 2.400 MA 1993 Gesamtleitung von Verfahrenstechnik, Maschinentechnik, Konstruktion und Zentraler Werkzeugbau, 410 MA	137
N. N. – ein Unternehmen der Kfz-Zulieferbranche, AG mit 750 Mitarbeitern	1995 bis heute (1999) Vorstand für den Bereich Produktion, Konstruktion, Entwicklung, Koordination der Werke	

Muster 28 Lebenslauf

Bernd Möller

Meine Berufserfahrungen als Vorstand Technik

Background

Mehr als zwanzig Jahre Erfahrung in Entwicklung und Produktion mit den Werkstoffen Kunststoff, Metall und Glas. Derzeit Vorstand in einer mittelständischen AG. Eindeutige Erfolge in der Globalisierung bzw. Internationalisierung, bei Neustrukturierung und Ertragssteigerung.

Mein Nutzwert für Ihr Unternehmen

Verbesserung und Effizienzsteigerung in Produktion, Entwicklung, Logistik und Einkauf, verbunden mit Kostensenkungen von erwiesenermaßen jeweils 15 bis 20 Prozent, Reengineering.
Profunde Auslandserfahrung: Standortsuche, Gründung, Aufbau und Steuerung von Werken im In- und insbesondere Ausland.

Branchenkenntnisse

Kunststoffindustrie, KFZ-Industrie.

Berufserfahrungen im Detail

Technik

Spritzgießen, Blasen, Schäumen, Extrusion, Schweißen, Werkzeugbau, Sondermaschinenbau, Verpackungstechnik, Isolierglasfertigung, Montage

Kundenorientierung

Produktentwicklungen auf Grund von Marktbedürfnissen. Formteil-, Profil- und Systementwicklungen für KFZ-Industrie.
Technischer Vertrieb, Verkaufsunterstützung, Service.

Internationalisierung, Dezentralisierung

Aufbau von einem Werk in Frankreich, sowie einem Werk in Südafrika. Insgesamt Führung und Optimierung von 13 Werken in Deutschland, Europa, USA, Fernost und Übersee mit Personal- und Ergebnisverantwortung.

Neuorganisation/Neustrukturierung

– Segmentierung der Produktion und Schaffung von Profitcentern
– Potentialanalyse bei vorhandenen Mitarbeitern und personelle Besetzung der Profitcenter
– Schaffung von Kostenstellenstrukturen und Einführung von Kostenstellenrechnungen
– Erstellung von monatlichen Ergebnisrechnungen, proficenterbezogen, verbunden mit den dafür erforderlichen Erfassungen der relevanten Daten
– Neue Lohn-/Gehaltssysteme verbunden mit Prämienentlohnung bzw. Zielvorgaben
– Einführung von Leistungskennzahlen
– Aufbau von Qualitätssicherungssystemen mit Prüfvorschriften, Arbeitsanweisungen, technischen Lieferbedingungen, Eingangsprüfungen, Regelkarten zur Prozeßüberwachung, Auditierungen, Null-Fehler-Programm, Verfahrensanweisungen u.a. mit dem Ziel einer Zertifizierung

- Einführung von Projektarbeit
- Aufbau von Systemen zur kontinuierlichen Verbesserung wie KVP, 'Genesis', 5A-Audits u.a.
- Einführung der Wertanalyse im Einkauf

Sanierung in einigen Werken

- Reduktion Weihnachts- und Urlaubsgeld
- Senkung Löhne und Gehälter
- Einführung von Zeitkonten verbunden mit der Absenkung der wöchentlichen Arbeitszeit ohne Lohnausgleich
- Verlegung der Urlaubszeit in auftragsschwächere Zeit
- Massive Senkung der sonstigen betrieblichen Kosten
- Verstärkung der Kundenorientierung

Ziel: Vorstand Technik/Geschäftsführer in einem mittelständischen, international ausgerichteten Unternehmen mit Schwerpunkt Kunststoffverarbeitung.

Muster 29 Berufserfahrungen

KUNSTSTOFFE, AUTOMOTIVE/KFZ
VORSTAND, WERKLEITUNG INTERNATIONAL

Vorstand Technik (Dipl.-Ing. Maschinenbau, 50) bietet erprobtes Know-how zur Ertragssteigerung bzw. Stabilisierung mittelständischer Unternehmen, der Verbesserung von Geschäftsabläufen und Produkt-Neuentwicklungen. Ausgezeichnete Kenntnisse in der Kunststoffverarbeitung (Spritzgießen, Blasen und Extrusion technischer Komponenten), Werkzeugbau, Aufbau neuer Produktlinien. Turnaround-Management. Gründung, Aufbau und Steuerung von Werken im Ausland. Heute suche ich eine neue Aufgabe als Alleingeschäftsführer oder Vorstand in der kunststoffverarbeitenden Industrie mit internationaler Ausrichtung.

Ich freue mich auf Ihre Zuschrift unter ...
an die FAZ, 60267 Frankfurt.

Muster 30 Anzeige Stellengesuch

6.3   Interimsmanager, 55 Jahre

Manfred Rauscher ist schon seit einigen Jahren als Interimsmanager erfolgreich tätig. Jedoch muß er sich immer wieder, wenn ein Projekt zu Ende geht, neu bewerben. Zur Kontaktanbahnung nutzt er einen Werbebrief, der keinen Geschäftscharakter einer Beratungsfirma, sondern eher Privatcharakter hat.

Die Bewerbungsmappe wird als 'Dokumentation der beruflichen Erfahrungen' versandt. Konkret beschrieben sind hier der Lebenslauf, die Auflistung der beruflichen Erfahrungen und Erfolge sowie die Nutzwertdarstellung. Die restlichen Listen werden aus Platzgründen nicht bemustert. Beispiele zu den Listen Patente und Weiterbildung sind in den Abschnitten 5.8 und 5.10 zu finden.

Manfred Rauscher   23.11.98
Am Rübenberg 11
35283 Neustad
Telefon (03133) 60104

ABC-Bank AG
Herrn Direktor Hans Müller
Am Kurgarten 79

D-53484 Sinzig

**Notleidende Engagements retten bzw. Turn-Around einleiten –
gestandener Industrie-Manager mit erfolgreichem Know-how aus mittelständischen Unternehmen steht für Managementaufgabe zur Verfügung**

Sehr geehrter Herr Direktor Müller,

gewerbliche Kreditengagements, die oft unvorhergesehen zu Problemfällen werden, können häufig mit professionellem und schnellem externen Management gerettet statt abgeschrieben werden. Unter diesem Aspekt gestatte ich mir zu Ihnen einen ersten vertraulichen Kontakt herzustellen. Ich war jahrelang als Geschäftsführer in Industrieunternehmen tätig und bringe mit meinen heute 55 Jahren eine Fülle an Führungserfahrung mit.

Ich biete Ihnen das Know-how und die (nachgewiesene) Fähigkeit, mittelständische Unternehmen in Not- oder Krisensituationen schnell zu sanieren. So könnte ich in Kooperation mit Ihrem Hause entsprechende Fälle kurzfristig übernehmen und als Manager auf Zeit lösen.

An Problemstellungen könnte ich übernehmen:
- Schnellanalyse der Substanz, Marktfähigkeit und Ertragsfähigkeit eines Unternehmens
- Nachfolge-Überbrückung in Not- oder anderen Situationen
- Turn-Around, Sanierung nach „vorn", d.h. vor allem innovativ, marktgerecht und nicht nur kostenschneidend
- Krisensituation nach Gesellschafterwechsel beseitige
- Marktprobleme national/international (auch Übersee/Asien) abbauen
- Liquiditäts- und Kredit-Probleme, Stabilisierung von kurz-, mittel- und langfristigen Erfolgspotentialen
- Coaching von Unternehmen in Kooperation mit Kreditinstituten

Statt Unternehmen zu zerschlagen, konnte ich bislang problembehaftete Firmen stets wieder in sichere Marktfelder oder gar zur Marktführerschaft führen. Mein praktisches Know-how umfaßt alle betrieblichen Bereiche, von Einkauf über Produktion bis Marketing/Vertrieb, von Logistik über EDV zum Controlling, ostdeutsche und internationale Erfahrung, strategisches Denken und Führungsstärke. Referenzen sind selbstverständlich. Umsatzerfahrung von 25 Mio. bis 200 Mio. DM.

Wenn Sie derzeit oder absehbar eine problembehaftete (ggf. kurzfristige laufende) Aufgabe zu besetzen haben, stehe ich für ein erstes Gespräch zur Verfügung. Für einen Terminvorschlag in Ihrem Hause bin ich Ihnen dankbar.

Mit freundlichen Grüßen
Manfred Rauscher

Anlagen

Muster 31 Werbebrief für eine Aufgabe als Interimsmanager

142

Solch ein Werbebrief (s. Muster 31) kann über Kreditinstitute hinaus an Steuerberater und Wirtschaftsprüfer wie direkt an mittelständische Unternehmen Ihrer Branche gerichtet werden.

**Dokumentation
der beruflichen Erfahrung**

von

Manfred Rauscher

Diplom-Ingenieur
Am Rübenberg 11
D-35283 Neustadt
Telefon/Fax (03133) 60104
e-mail: MRauscher@t-online.de

Foto

max. 45 x 60 mm

randlos

Inhalt
– Lebenslauf
– Berufserfahrungen
– Nutzwert
– Produktentwicklungen, Patente
– Publikationen
– Referenzbriefe
– Zeugnisse

Muster 32 Deckblatt für die Bewerbungsmappe

Lebenslauf

Zur Person

Name   Manfred Rauscher

Anschrift   Am Rübenberg 11
                        D-35283 Neustadt
                        Telefon (03133) 60104

geboren am   11. März 1944

Familienstand   verheiratet, zwei Kinder

Fremdsprachen   Englisch verhandlungssicher,
                        Französisch ausbaufähig

Ausbildung

Volks-, Mittelschule,   1950 – 1964
Gymnasium   Abitur

Technische Universität 1964 – 1971
Braunschweig   Studium des Maschinenbaus,
                        Abschluß als Diplom-Ingenieur

Beruf

BRAAS & Co. GmbH,   1971 – 1977
Frankfurt am Main   Leiter der Abteilung Entwicklung
                        Für Maschinen- und Anlagen zur
                        Herstellung von Beton- und Kunststoffprodukten

Institut für Baumaschinen   1977 – 1980
der RWTH Aachen   Leiter Sektion Maschinentechnik und
                        technisch-wirtschaftliche Begleitung

144

STETTER GmbH, Kempten	1980 – 1994 Leiter F&E und Konstruktion: Beton-Mischanlagen, -fahrmischer, -pumpen, Bausystemtechnik, Mitglied der Geschäftsleitung
MÖLLERS Maschinenfabrik GmbH, Beckum	1985 – 1989 Gesamtleiter Konstruktion und Produktion, technische und vertriebstechnische Beratung von Kunden in Europa, Asien, Übersee: Förder-, Absack-, Verpackungs-, Palettier-, Schrumpfverpackungs- und Verladetechnik
LEIMKE Maschinenfabrik GmbH; Hagen	1989 – 1995 Geschäftsführung mit Gesamtver- antwortung für Vertrieb, Technik, Produktion, Betriebswirtschaft, Verwaltung und Organisation: ganzheitliche Verpackungstechnik, Exportausweitung nach Europa, Asien, Übersee; Lizenzpartner in Japan; ca. 60 Mio. DM Umsatz bei 300 Mitarbeitern
Diverse mittelständische Unternehmen	1996 bis heute (1999) Selbständiger Manager auf Zeit und Interimsmanager bei diversen größeren mittelständischen Unternehmen

Muster 33 Lebenslauf

Manfred Rauscher

Berufliche Erfahrungen und Ergebnisse

1971 Leiter Entwicklung, Versuch, Planung und Konstruktion
BRAAS & Co. GmbH, Frankfurt/Main

Produkt-Entwicklung Maschinen und Anlagen, Neubau und/oder Sanierung von
Werken und Anlagen, Innovation, Prozeßgestaltung, Produktivität, Investitionen,
Automatisierung, Materialfluß, Projekt-Koordination; Erhöhung des Outputs um
190 %.

1980 Geschäftsbereichsleiter Entwicklung und
Konstruktion STETTER GmbH, Kempten

Produktgestaltung, Innovation, Qualität, Prozeßgestaltung, Wertanalyse, internationaler Vertrieb, Kundendienst, Fertigungssteuerung, Rationalisierung, Flexibilität,
Beurteilung/Test; Kostensenkung durch Wertanalyse bis 25 %.

1985 Leiter Konstruktion und Produktion
MÖLLERS Maschinenfabrik GmbH, Beckum

Prozeß- und Produktgestaltung, Produktivitätssteigerung, Auslastung, Durchlaufzeiten, Projekt-Koordination, Fertigungsplanung/-steuerung, Marketing,
Vertrieb, Flexibilität; Umsatzsteigerung plus 50 %.

1989 – 1995 Geschäftsführer
LEIMKE GmbH, Hagen

Marktstrategien, Führung durch Zielvorgaben, Controlling, Preisbildung, Produktergebnisrechnung, MIS, Corporate Identity, CAD/CAM, Vertrieb u.a. GUS, Asien,
Nordamerika; Erhöhung Umsatz 90 %, Aufstockung Belegschaft 40 %, Erhöhung
Produktivität 35 %, Reduzierung Kosten 15 %, Gewinn von minus 13 % auf plus
3 % des Umsatzes, Eigenkapitalrendite von minus auf plus 19 % gesteigert.

Weitere Erfolge bei den von mir betreuten Unternehmen
siehe Referenzschreiben.

Muster 34 Auflistung der Berufserfahrungen

Manfred Rauscher

Nutzwerte, die ich für Ihr Unternehmen realisieren könnte

Ganzheitliche strategische und operative Geschäftsführung – auch als Interimsmanager – von mittelständischen Unternehmen, insbesondere der Investitionsgüterindustrie > 25 Mio. Umsatz.

Krisenmanagement und/oder ganzheitliche praxisgerechte, innovative erfolgs-
sowie marktorientierte und nicht nur kostenschneidende Sanierung von größeren
mittelständischen Untenehmen in Ost- und Westdeutschland – auch als Manager
auf Zeit.

Ergebnis- und marktorientierter nationaler, internationaler Auf- und Ausbau von
mittelständischen Unternehmen der Investitionsgüterindustrie als GF, Vorstand bzw.
Bevollmächtigter.

Ganzheitlich verknüpfte Führung von Marketing, Vertrieb, Beschaffung (auch global
sourcing), Technik bis zur Betriebs- und Finanzwirtschaft in größeren mittelständischen Unternehmen auf GF- bzw. Vorstandsebene.

Strategisches und operatives Controlling und Marketing. Management by objectives
mit machbaren Jahreszahlen, Liquiditäts-, Finanz- planung und -steuerung.

Optimierung von Geschäftsfeldern (Produkt- bzw. Dienstleistungs- und Marktprofil);
Portfoliotechnik (Marktattraktivität und relativer Wettbewerbsvorteil), Marktlebenszy-
klus, cash-flow Entwicklung, Vorgehen bei cash-cows, stars, Nachwuchs- und Problem-
produkten.

Auf- und Ausbau von Märkten für mittelständische Unternehmen in Europa, Asien,
Nordamerika; key account management u.a. in Japan, Indien, China, Korea, USA, Kana-
da, ehemalige UdSSR-Staaten und europäischen Ländern.

Ganzheitliche Untersuchung von Unternehmen, Profitcentern, Unternehmensbereichen mit anschließender turn-around-Umsetzung im mittelständischen Bereich (U >
25 bis 200 Mio. DM).

Projektmanagement von der Entwicklung, Konstruktion, Produktion und Auslegung, Bau, Montage, Inbetriebnahme komplexer Maschinen und Anlagen im In- und Ausland einschließlich Angebot, key account management, Leistungs- Kosten- und Produktergebnisrechnung bis zur Vor-, mitlaufender- und Nach-Kalkulation.

Übernahme- und Existenzgründungskonzepte bis hin zu Plan-G/V, Veränderungsbilanzen, working capital u.a.

Kurzfristige Übernahme der GF-Position eines mittelständischen Unternehmens im Rahmen der Unternehmernachfolge, z.B. bei einer Notsituation (Unfall etc.) und bei nicht rechtzeitiger Unternehmernachfolge durch den noch in Ausbildung befindlichen Junior.

Coaching der Geschäftsführer oder Bereichsleiter von ostdeutschen mittelständischen Unternehmen und junger, fertig ausgebildeter Unternehmer-Nachfolger mit noch geringer Berufserfahrung.

Muster 35 Nutzwert

6.4 Bewerbung um eine Professur

Anzeigen für Professorenstellen an Fachhochschulen, Akademien und Universitäten gibt es regelmäßig. Wer Interesse daran hat, sollte sich vorher über die relativ niedrigen Bezüge im klaren sein (daß diese im Nebenberuf aufgebessert werden können, ist eine andere Sache).

Aufgrund der Ausschreibung erwarten die Dekane oder Rektoren eine Bewerbungsmappe wie in der Industrie, jedoch vor allem angereichert mit dem Nachweis der wissenschaftlichen und Lehrbefähigung. So sollten Sie besonderes Augenmerk auf Ihre Liste der Publikationen und die Liste Weiterbildung/Seminare richten. Wer keine Nachweise dazu bringen kann, sollte auf die Bewerbung von vornherein verzichten. Dies gilt auch für den Themenbezug in der Anzeige: Das ausgeschriebene Fachgebiet sollten Sie wirklich zu 90 % abdecken können oder die Bewerbung bleiben lassen.

Wenn die Voraussetzungen für eine Bewerbung bei Ihnen gegeben sind, sollten Sie Ihre Liste Berufserfahrungen so gestalten, daß jene dem ausgeschriebenen Fachgebiet entspricht. Dann wird die Bewerbungsmappe mit einem Anschreiben, dem folgenden Muster entsprechend, versandt

Dr.-Ing. Manfred Knoll   15. September 1998
Kaufmannstraße 12
70180 Bad Cannstatt
Telefon (0711) 634181

An das Rektorat der
Fachhochschule Merseburg
Dekan FB 5 Maschinenbau
Geusaer Strasse 133

06217 Merseburg

Bewerbung um eine Professur an der Fachhochschule Merseburg, Studiengang Produktionstechnik, Fachgebiet Produktionslogistik

Sehr geehrter Herr Professor Lehmann,

hiermit bewerbe ich mich auf Ihre Anzeige in den VDI-Nachrichten vom 28. August 1998 als Professor an Ihrer Hochschule für Technik und Wirtschaft.

Aufgrund meines Werdegangs als promovierter Ingenieur mit Führungsverantwortung in der Maschinenbauindustrie denke ich die genannten Voraussetzungen für diese Aufgabe zu erfüllen. Auch bringe ich Erfahrung aus den Arbeitsgebieten Fabrikplanung, Fabrikbetrieb, Materialflußoptimierung, CIM und Produktionslogistik mit.

Weitere Informationen zu meinem Werdegang und zu meinen fachlichen Kenntnissen
entnehmen Sie bitte meiner beigefügten Bewerbungsmappe.

Für ein Gespräch stehe ich Ihnen jederzeit gerne zur Verfügung.

Mit freundlichen Grüßen

Manfred Knoll

Anlage: Bewerbungsmappe
    PS: Beglaubigte Zeugnisabschriften reiche ich gerne nach.

Muster 36 Bewerbungsschreiben für eine Professur

6.5   Bewerbung im Ausland

Im Zuge der Globalisierung der Wirtschaft drängen ausländische
Unternehmen nach Deutschland, und deutsche Unternehmen bauen
ihre Geschäftsfelder in allen möglichen Ländern der Erde aus.
Daraus ergeben sich neue Verhaltensweisen, die Firmenkultur
ändert sich ebenso wie die Geschäftssprache, und das Personalwesen
muß sich zumindest auf europäische Verhältnisse, wenn nicht sogar
auf multikulturelle Arbeit im internationalen Geschäft einrichten.
   Die Geschäftssprache des Schwedischen Konzerns Esselte-Meto
in Deutschland ist Englisch. Ingenieure, die sich auf Anzeigen seiner
Tochterunternehmen bewerben, sollten dann den Text in englischer
Sprache schreiben. Oder für andere Positionen in italienisch und
französisch. Das europäisch agierende Büro- und Designmöbel-
Unternehmen Knoll International hat den Produktionssitz in Italien.
Geschäftssprache ist nicht italienisch, sondern englisch, da der Kon-
zern seinen Sitz in den USA hat. Wer sich bei Knoll bewerben will,

sollte seine Bewerbung wie in den angelsächsischen Ländern üblich abfassen.

Nun folgen einige Textmuster für englische und französische Bewerbungen.

Peter G. Richmond   March 20, 1999
8117 W. 74th Place
Arvado, Colorado 80005
(303) 411-3424

Ms. Susan P. Schweizer
Lexmark International Inc.
495 Market Street, 2th Floor
San Francisco, CA 94305

Dear Ms. Schweizer

I am answering your advertisement for a technical salesperson in the March 19 Rocky Mountains News. I am very interested in this technical sales position, and your product line sounds particularly appealing. As my résumé shows, I have 12 years experience in the computer field und I have used, repaired and recommended the purchase of laser printers and support products. I am familiar with the Lexmark printer marketed under the IBM name.

To see my professional experience, people skills and success, please have a look in the application file.

I would be delighted to talk with you about this position, and look forward to hearing from you soon. I can be reached at (303) 4121-3994. Please leave a message if I am not there to personally receive your call.

With great interest,
Peter G. Richmond

Enclosure

Muster 37 Bewerbungsanschreiben aufgrund eines Stellenangebotes

Curriculum Vitae

of

Jürgen Meinberg
Diplom-Ingenieur
Theyson-Straße 11
D-69716 Heltersberg

Phone +49 (0) 6351-35841
e-mail: meinberg-j@t-online.de

Born	August 25, 1948 in Wintersheim, Germany
Family Status	married, one son
Languages	German (mother tounge), English for negotiations, some French

Education

Elementary-, High- and Technical School, Leverkusen	1955 – 1968	
EUMUCO AG Leverkusen	1964 – 1968	Apprenticeship, engine fitter
Military Service Aachen	1968 – 1970	Army, Maintenance
Public Engineering School Gummersbach	1970 – 1973	Study of Mechanical Engineering, Dipl.-Ing. (B.Sc. Engineering)

Professional Experience

ELTACO GmbH Schwanenmühle (Electrical Connector Elements)	1996 – present Managing Director with main emphasis on Restructuring, Rationalization, Cost Cutting, international Management
HOMAPAL GmbH & Co. KG Harzberg (Laminates)	1988 – 1996 Managing Director: Reorganisation, Development of Products, Quality improvement, Steering the Sales Force
KREHL & PARTNER GmbH Karlsruhe (Consultants)	1978 – 1988 Consultant for projects by Value Analysis, Strategic Planning
IWA RIEHLE GmbH Stuttgart (Plastic Products)	1973 – 1978 Department Manager for Development and Projection

Muster 38 Lebenslauf US-amerikanische Art mit retrograder Auflistung der Beschäftigungsverhältnisse.

Rolf Zimmermann

Career Objective
General Manager in the Construction/Building Industry.

Summary of Qualifications
- Sales > 300 million $, control over 60 affiliates in Europe
- Concrete evidence of turnaround and reorganization
- Redirecting by establishing and expanding new business areas andbusinesses both domestically (in Europe) and overseas, setting up new services and logistic links
- Encouraging innovations and putting them into applications
- Applying new personnel policy
- Improving monitoring, reporting, controlling; new identificationnumbering system
- Set-up and application of a strategic corporate plan
- Good and solid contacts with German industry
- Natural charm, personal integrity and loyalty
- Perseverance, drive to market-driven re-design
- Experience in concerns and holding companies

Professional Experience as General Manager in the german building industry (1990 – 1999)

Turn-around management in the position as General Manager (company in the building industry with more then 300 million $ sales). Analysis of strenghts, weaknesses and success potential, turn around initiated, turn around in earnings now already achieved. Restructuring plan developed and implemented, streamlining the organization, strictly separated functions.

Corporate units merged, personnel adjustments implemented, debts reduced ... (and so on)

Languages
German, English, French

Muster 39 Die Auflistung der Berufserfahrungen eines Bauingenieurs auf Geschäftsführungsebene

Frank Schneider   23 février 1999
Hasenbergsteige 11
D-70180 Stuttgart
Téléphone + 49 (0) 711-640243

personnellement/confidentiel

Monsieur
Martin Bougies
Groupe BOUGIES
7, Avenue Eugène Freyssinet

F-78606 Saint Quentin

**Nouveau positionnement comme General Manager/membre du directoire
dans le secteur bâtiment/construction européen**

Cher Monsieur Bougies,

J'estime que ma candidature serait susceptible de vous intéresser étant que vous êtes
certainement à la recherche de cadres expérimentés en vue d'une intégration de vos
nouvelles participations en Allemagne et en Europe de l'Est et de la nouvelle orienta-
tion du groupe d'entreprises.

La structure de vos participations en Allemagne n'est pas une inconnue pour moi.
J'assume actuellement un poste de gérant d'affaires d'un groupe d'entreprises de
l'industrie des matériaux de construction et de la construction en général avec un CA
supérieur à 2 milliards de francs et 2.100 collaborateurs.

Homme de terrain et de méthode, je dispose d'excellentes connaissances en matière
d'intégration et de réorganisation des entités de l'entreprise (turnaround), d'améliora-
tion du département finances et comtabilité et de remise sur pied, avec de succès
éprouvés cela va de soi.

Quant aux exigences d'une integration de nouvelles entités et participations, je vous propose un savoir-faire confirmé, que vous trouvez dans mon dossier de candidature.

Je suis persuadé de pouvoir contribuer positivement et concrètement à la réussite de la constellation du groupe d'entreprises BOUGIES. N'hésitez pas à me contacter, avec discrétion, si vous voyez une possibilité d'une collaboration.

Dans cette attente, Je vous prie de croire, Monsieur, à l'expression de mes sentiments distingués

Frank Schneider
Pièces-jointes

Muster 40 Französisches Bewerbungsanschreiben

Curriculum Vitae

Donées personelles

Nom	Bernd Stockburger
Adresse	Rotenbergstrasse 5
	D-80593 München
	Téléphone + 49 (0) 89-6345507
	Télécopieur „ -634562
Né le	6 octobre 1948 à Stuttgart
Situation familiale	Marié, 2 filles
Langues	Allemand, anglais

156

Formation

Ecole primaire et lycée à Stuttgart	1955 – 1969 Baccalauréat
Université de Stuttgart Paris Stuttgart	1969 – 1976 Études de construction des machines 1975 séjour d'études 1976 diplôme de fin d'études Diplom-Ingenieur

Carrière professionelle

Université de Stuttgart	1976 – 1978 1976 collaborateur scientifique, 1977 à 1978 séjour de recherche en Canada
Friedrich-Ebert-Stiftung, Bonn	1978 – 1981 Assistance-conseil en Malysia, création d'entreprises/associations privées; à la tête de 25 collaborateurs
Deutsche Gesellschaft für Technische Zusammen-arbeit (GTZ) GmbH, Eschborn	1981 – 1985 Responsable de projets industriels: construction d'installations industriels à l'étranger avec Responsabilité au niveau des résultats (volume 330 mio. FF)
ENTEC GmbH Stuttgart Gesellschaft für Wirt-schaft und Technik	1985 – 1993 Gérant de l'entreprise de consulting et d'ingéniérie, 100 collaborateurs, chiffre d'affaires de 200 mio. FF
N. N. – Entreprise de sous-traitance dans le bâtiment, région de Munich	1994 jusqu'à aujourd'hui Gérant, tâches commerciales, réorganisation; responsabilité globale du holding, sept sociétés en participation et entreprises affiliées, chiffre d'affaires de 330 mio. de FF.

Muster 41 Lebenslauf französisch

Herbert Köser
Dr.-Ingenieur

Mon expérience professionelle dans le metier d'instrumentations, automation de processus et analytique

Qualification

Know-how dans les affaires internationales de haute technologie et en gestion. Excellentes connaissances dans pratiquement toutes les fonctions dirigeantes, particulièrement dans le domaine vente et marketing.

Mon expérience en détail

- direction d'un division de 300 mio. FF de chiffre d'affaires, responsable de profit
- direction de grands projets internationaux aux États Unis, en France, direction d'une organisation d'exportation; parle couramment francais et anglais, bonne connaissances de russe
- recherches et mise en valeur de nouvelles debouchés sur le plan international, optimisation d'une organisation de vente, introduction de nouvelles méthodes de marketing
- chef d'un grand projet international d'un nouveau programme d'instrumentation, introduction dans le marché russe
- excellentes connaissances de technologies lasers, instrumentation, analytique, automatisation, energie
- restructuration dans les domaines production, recherche et development, production, vente et marketing
- planification, établir les budgets, contrôle, organisation
- gestion et entrainement du personnel
- salaire annuel > 700.000 FF

Muster 42 Französische Liste Berufserfahrung

7.1   Kontaktanbahnung per Internet

Vor Vorstellungsgesprächen sollte man im Zeitalter elektronischer
Medien im Internet surfen. Über dieses Medium können problemlos
Informationen über die Firmen und deren Produkte oder Dienstleistungen gewonnen werden. Die Internet-Euphorie ist jedoch
nicht in allen Fällen angebracht. Hunderte von Job-Börsen versprechen Angebote weltweit. Doch die elektronische Suche endet
für Führungskräfte oft im Papierkorb. Die Probleme bei einer
Bewerbung übers Internet liegen weniger in der Anbahnung von
Kontakten zu möglichen Arbeitgebern, sondern in der Kontaktver-
tiefung und der Chance zum Vorstellungsgespräch. Diese Chance
per Internet zu realisieren ist insbesondere für erfahrene Ingenieure
recht gering.

Zwei Märkte kann man im Internet unterscheiden, den Anbietermarkt und den Suchermarkt. Der Anbietermarkt mit den kostenlo-
sen oder bezahlten Stellenangeboten von Unternehmen ist oft nur
die Erweiterung des Anzeigenteils der Tageszeitungen in das Internet hinein. Bewerber, die auch ihre branchentypischen Fachzeitschriften lesen, werden doppelt informiert. Dennoch gibt es schon
Stellenangebote, die nur im Internet erscheinen.

Im Suchermarkt sieht es zunächst vielversprechender aus. Man
kann seine Bewerbungsunterlagen chiffriert oder offen in allen möglichen Job-Börsen veröffentlichen in der Hoffnung, daß irgendwelche
Firmen darauf zugreifen.

Da ein eigenes Stellengesuch in den Tageszeitungen einige hundert DM kostet, nehmen viele Bewerber die Gelegenheit der kosten-
losen Schaltung von Stellengesuchen und kompletten Bewerbungsunterlagen im Internet mit Freude wahr. Auf den ersten Blick
scheint der Weg zum Traumjob ganz leicht geworden zu sein. Der
Bewerber muß nur noch an seinem PC einen Fragebogen zu seinem

160

Werdegang ausfüllen. Durch die kostenlose Möglichkeit boomt das Angebot der Bewerber. Damit geht automatisch der eigene Wert im Vergleich zu den vielen Mitbewerbern zurück. Die Firmen machen sich jedoch selten die Mühe und suchen sich über das Internet die besten Kandidaten. Wozu auch? Sie erhalten tagtäglich per Post und e-mail andere und damit individueller erstellte Bewerbungsunterlagen.

Zudem boomt die Branche der Personalberater, was bedeutet, daß insbesondere Führungskräfte nicht übers Internet herausgefiltert werden.

Eine Untersuchung 1998 ergab, daß zwar 70 % aller großen Unternehmen bereits ihre eigenen Stellenangebote im Internet veröffentlichen, jedoch das Medium kaum konsequent für die eigene Personalrekrutierung benutzen.

Zudem machen sich die Unternehmen kaum die Arbeit, ihre Stellenangebote regelmäßig zu aktualisieren. Firmen nutzen das Medium Internet eher zur Selbstdarstellung und zur Imageprofilierung als zur gezielten Personalsuche. Die Fachleute in den Personalabteilungen versprechen sich keinen großen Nutzen über die e-mail-Bewerbung bei der Suche von berufserfahrenen Führungskräften (bei Studienabgängern ist dies anders!). Viele Bewerber warten nach Versand ihrer e-mail-Bewerbung manchmal 6 oder 8 Wochen auf eine Antwort.

Außer den Firmen, die ab und zu in den Stellengesuchen des Internet nach Ingenieuren fahnden, existieren die Personalvermittler, die nach Kandidaten suchen und diese auffordern, den ersten Kontakt per e-mail zu starten. Jedoch kommt man bei den privaten Arbeitsvermittlern zumeist nur in die Kartei und selten in den Kreis der einzuladenden Kandidaten.

Interessant ist der Internet-Auftritt der Bundesanstalt für Arbeit (BfA) unter www.arbeitsamt.de. Die BfA bietet eine Fülle an Informationen. Auch beim VDI (Verein Deutscher Ingenieure) kann man fündig werden: www.vdi.de. Einerseits kann man dort nach Stellenangeboten recherchieren und zudem die eigene Bewerbung ins System eingeben.

Ein Ingenieur als Führungskraft sollte seine Informationen für eine Bewerbung nur dann per e-mail einreichen, wenn das Angebot zu 90 % zu seinen Stärken paßt. Und Vorsicht: wer seinen Werdegang offen übers Internet anbietet, wird garantiert in kürzester Zeit von seinen Mitarbeitern oder Vorgesetzten als stellensuchend entdeckt bzw. enttarnt. Für Führungskräfte ist es geradezu diskriminierend, sich als Dauerbewerber im Internet darzustellen. Dem erfahrenen Ingenieur ist von diesem Weg nur abraten.

Bei der Recherche nach Firmen und nach entsprechenden Anschriften und Namen von Entscheidungsträgern bietet das Internet eine Fülle von Möglichkeiten, diese präzise herauszufinden, und zwar im In- und Ausland. Bei Bewerbungsgesprächen sind Sie besser vorbereitet, wenn Sie sich über das Internet vorab die Homepage des potentiellen Arbeitgebers verinnerlicht haben.

Die Nutzung des Internet ist somit für den erfahrenen Ingenieur ein hervorragendes Mittel zur Recherche über Firmen und Märkte, jedoch nur begrenzt tauglich, um Vorstellungsgespräche herbeizuführen. Wer Details über Unternehmen über das Internet recherchieren möchte, sollte die homepage des Unternehmens ansteuern, oder sich in die Archive der gängigen Tageszeitungen einwählen (beispielsweise **www.faz.de**), oder bei den diversen Suchmaschinen das Suchwort 'Firmenauskünfte' eingeben.

Einen wichtigen Punkt gilt es abschließend noch zu erwähnen: Jede Führungskraft muß künftig mit dem Internet umgehen können, da – vor allem in Großunternehmen – schon heute die firmeninterne Kommunikation über das World Wide Web abläuft (Intranet, Lotus Notes). Den Personal Computer und Internet/Intranet nutzen zu können ist bereits heute eine grundsätzliche Voraussetzung der beruflichen Karriere.

7.2 Gesprächsvorbereitung

Gehen wir nun davon aus, daß Sie den 1. Schritt geschafft haben – sei es über konventionelle Wege oder übers Internet. Der Kontakt mit dem Unternehmen ist hergestellt, ein Termin für das Vorstellungsgespräch ist vereinbart. Sie haben im günstigsten Fall eine Fahrtskizze zugesandt bekommen und – bei großen Entfernungen – vielleicht sogar das Flugticket. Nun gilt es, sich gezielt auf das Vorstellungsgespräch vorzubereiten. Im Grund heißt dies, in der Zeit noch mehr Informationen über das Unternehmen und die Position zu bekommen. Manche Unternehmen übergeben dem Bewerber vorab einen Geschäftsbericht, eine Firmenbroschüre oder Firmenprospekte. Bei Personalberatern sieht dies anders aus: Der Personalberater weiß aufgrund der ihm vorliegenden Bewerbungsmappe sehr viel über den Bewerber, der Bewerber weiß jedoch nicht einmal den Namen des Unternehmens, für das er interviewt werden soll. In diesem Falle kann vorab nicht recherchiert werden.

Um mehr Informationen über die Unternehmen zu erhalten, bietet sich an, in den Hoppenstedt-Nachschlagewerken eine Kurzauskunft über das Unternehmen einschließlich Produktprogramm, Beschäftigtenzahl und evtl. Tochterunternehmen zu erhalten. Eine Recherche über das Internet lohnt sich – wie erwähnt – ebenso. Eine andere einfache Möglichkeit besteht darin, sich bei der Werbe-, PR-, Presse- oder Vertriebsabteilung einige Prospekte über die Dienstleistung oder Produkte des Unternehmens zu bestellen.

Als weitere Vorbereitung für ein Gespräch wird empfohlen, eine Checkliste an eigenen Fragen anzufertigen wie auch Block und Bleistift mitzubringen, um sich Notizen machen zu können.

7.3 Vorstellungsgespräche

Betrachten Sie Vorstellungsgespräche so als würden Sie ein Verkaufsgespräch führen. Sie verkaufen dabei keine Produkte oder Dienstleistungen, sondern sich selbst und vor allem Ihr eigenes Leistungsvermögen. Vorstellungsgespräche sind für den Bewerber sozusagen Verkaufsgespräche, in denen er seine Leistung anbietet. In den Vorstellungsgesprächen wie im Verkaufsgespräch prüfen zwei mögliche Partner sorgfältig, ob Leistungsangebot und Leistungsnachfrage deckungsgleich sind. Im ersten Gespräch geht es also darum, die beiderseitigen Erwartungen an die Zusammenarbeit zu definieren und abzuklären, ob man grundsätzlich zusammenpassen könnte. Der Bewerber darf sich dabei nicht in eine passive Rolle manövrieren lassen. Er hat schließlich etwas anzubieten, sonst wäre er nicht eingeladen worden.

Ziel des ersten Vorstellungsgespräches ist, beim Unternehmen oder dem Personalberater einen hervorragenden Eindruck zu hinterlassen, damit möglichst schnell ein zweites Gespräch zustande kommt. Dies wird dadurch erreicht, daß man dem Unternehmen die eigenen Stärken präsentiert und eine sachlich kompetente sowie klare Position in Grundfragen – die vorgesehene Position betreffend – bezieht. Opportunismus und Ja-Sagerei sind im Bewerbungsgespräch fehl am Platze. Dabei sollte der Bewerber im Gespräch nicht wie ein Wasserfall sprudeln und möglichst viel erzählen. Er muß vielmehr versuchen die Probleme des Gesprächspartners zu erfassen und überzeugend darlegen, weshalb und wie er sie lösen kann. Er sollte seinem Gegenüber aufmerksam zuhören. Dann findet er heraus, welche Probleme ihm auf den Nägeln brennen und was er von dem Kandidaten erwartet.

Das erste Vorstellungsgespräch läuft üblicherweise nach folgendem Schema ab:

1. **Phase:**
   Auflockerung, Fragen zur Anreise und zum Wetter. Anbieten von Kaffee, Tee oder Wasser. Abbau von Hemmungen und Ängsten. Erste Vorstellung des Unternehmens, seiner Marktstellung, Größe und Strategie.
2. **Phase:**
   Prüfen der Adaptionsfähigkeit: Paßt der Bewerber zum Unternehmen, zum Team, zur Aufgabe. Fragen zur Person, zur Ausbildung, zur sozialen Herkunft, Freizeitgestaltung usw.
3. **Phase:**
   Erkundung des Eignungsprofils: Fragen nach der beruflichen Entwicklung, nach beruflichen Zielsetzungen, nach beruflichen Erfolgen als Ingenieur.

4. **Phase:**
Information des Bewerbers: Ihm wird aufgezeigt, welche Fähigkeiten die Aufgabe erfordert, wie die Stelle im organisatorischen
Gefüge positioniert ist, welche Entwicklungsmöglichkeiten
die Stelle bietet und welche Kernkompetenz der Ingenieur mitbringen muß.

5. **Phase:**
Vertragliche Basis: Grundlagen eines möglichen Arbeitsvertrages
klären. Beim ersten Gespräch wird oftmals noch nicht über
Gehalt gesprochen. Klärung der Frage, ob Mobilität des Bewerbers gegeben ist, welche Kündigungsfristen er hat bzw. wann er
bei dem neuen Unternehmen beginnen könnte.

6. **Phase:**
Abklärung des weiteren Procedere: Wer ruft wen wann an, bzw.
sofortige Abklärung, daß ein weiteres Gespräch keinen Sinn
macht.

Häufig dauert das erste Gespräch eine dreiviertel Stunde, bei
Führungskräften der ersten Ebene eineinhalb Stunden. Im Interview
taucht von Seiten des Unternehmens immer wieder die Fragen auf,
mit welchen Gründen man die früheren Positionswechsel durchgeführt hat. Dabei sollte der Bewerber, wenn möglich, bei jedem Positionswechsel darstellen können, daß die Aufgabe eine höherwertige
als die vorangegangene war.

Hier die Regeln für eine erfolgreiche Gesprächsführung
(nach Fritz Stoebe 1981):

1. Die goldene Regel

Versuchen Sie, die speziellen Probleme Ihres Gesprächspartners zu
erfassen, und legen Sie ihm überzeugend dar, daß Sie die Person
sind, die aufgrund ihrer Kenntnissen und Erfahrungen in der Lage
ist, genau diese Probleme zu lösen. Versuchen Sie also nicht, in

epischer Breite Ihre eigene Lebensgeschichte bis in alle Details   165
auszuwalzen, sondern konzentrieren Sie sich auf das Interesse Ihres
Partners, der herausfinden will, ob Sie seine Anforderungen erfüllen.

2. Das Gespräch sorgfältig vorbereiten

Versuchen Sie, vor dem Treffen so viele Informationen wie möglich
über Ihren Gesprächspartner, seine Firma und die in Frage stehende
Position zu bekommen, damit Sie Ihre Argumente für den Nutzen,
den Sie dem anderen bieten wollen, gründlich vorüberlegen und
gezielt einsetzen können: Alle möglichen Quellen ausschöpfen, um
solche Informationen zu bekommen, z. B. Geschäftsberichte (durch
Banken), Zeitungsberichte (durch Verlage, CD-ROM der FAZ), Fir-
menhandbuch (Hoppenstedt), Internet und auch persönliche Kontakte zu Leuten, die etwas über die Verhältnisse wissen. Auch Aus-
kunfteien und elektronische Datenbanken nutzen.
    Bereiten Sie das Gespräch schriftlich vor: Wichtige Fragen bzw.
Checkpunkte vorbereiten und aufschreiben; die Checkliste je nach
Gesprächsverlauf für Fragestellungen und Notizen einsetzen.
    Den Gesprächspartner der Höflichkeit halber fragen, ob Gedanken
mitgeschrieben werden dürfen.

3. Aus dem Gespräch einen Dialog machen

Lassen Sie sich nicht wie einen Examenskandidaten abfragen. Durch
geschickte Kontrollfragen können Sie herausfinden, ob das, was Sie
gerade berichten, das Interesse Ihres Partners findet. Behalten Sie
während des ganzen Gespräches sensible Antennen für die Reaktionen Ihres Partners und die Themen, die ihm besonders am Herzen
liegen. Er wird Ihnen das sagen, wenn sie sich taktvoll danach erkun-
digen und ihm häufig im Gespräch den Ball durch eine Gegenfrage
zurückspielen. Daraus können Sie einen interessanten Dialog entwickeln und Ihre Argumente gezielt vortragen.

4. Aufmerksam zuhören

Hören Sie aufmerksam und höflich zu, und unterbrechen Sie Ihren
Partner niemals. Leitende Leute reden gern und viel. Sie brauchen
seine Ausführungen nur dadurch zu ergänzen, daß Sie ihm zu verstehen geben, wie weit Sie mit der von ihm dargestellten Problematik
vertraut sind und ähnliche Aufgaben bereits in Ihrer Führungspraxis
gelöst haben.

5. Nicht als Bittsteller auftreten

Vermeiden Sie, Minderwertigkeitsvorstellungen aufkommen zu lassen, und fühlen Sie sich nicht in der Rolle des armen Teufels, der
einen Job sucht und alles annimmt, was man ihm anbietet. Treten sie
ohne Überheblichkeit, aber mit dem Selbstbewußtsein eines Könners
auf, der sein Fach beherrscht und dem anderen (er ist der arme
Teufel) helfen kann, seine vordringlichen Probleme zu lösen. Natür-
liches Selbstbewußtsein strahlt Überzeugung aus und vermeidet den
Eindruck von Unsicherheit und Nervosität. Je ungezwungener und
natürlicher Sie sich geben, desto stärker wird die Wirkung Ihrer Persönlichkeit und der vorgetragenen Argumente sein.

6. Sachlich bleiben und positiv argumentieren

Berichten Sie knapp und sachlich und vermeiden lange Geschichten
und persönliche Details. Sprechen Sie nicht in Superlativen von
sich selbst und bewerten Sie weder Ihre Person noch Ihre Leistung.
Berichten Sie über Fakten und beschreiben Aufgaben, die Sie
gelöst haben und mit welchen Ergebnissen. Eine Darstellung,
welche Allgemeinplätze, Eigenlob und Übertreibungen vermeidet, dafür jedoch konkrete Sachverhalte schildert, wirkt überzeugend.

Betonen Sie in Ihren Darstellungen das Positive und lassen Sie   167
dadurch erkennen, daß Sie eine positive Lebenseinstellung haben.
Niemand möchte mit einem verbitterten Menschen oder Pessimisten
zusammenarbeiten. Die Aufgabe, Führungsprobleme zu lösen und
andere Menschen zu motivieren, fordert Engagement und Begeiste-
rungsfähigkeit. Die Bereitschaft dazu sollten Sie erkennen lassen.

7. Gemeinsamkeiten betonen

Versuchen Sie, zwischen Ihrem Partner und seinen Problemen einerseits und Ihrer Person und Erfahrung andererseits Gemeinsamkeiten herzustellen. Diese können in gemeinsamen Interessen, Herkom-
men, Zugehörigkeit zu Institutionen, gemeinsamen Bekannten etc.
liegen. Das wird nicht immer möglich sein, eine gründliche Vorbereitung hilft jedoch sehr.

Versuchen Sie, Ihren Gesprächspartner dadurch zu gewinnen,
daß Sie sich für ihn, seine Sorgen und Probleme interessieren. Je
mehr Gemeinsamkeiten Sie zwischen sich aufbauen können, desto
besser wird ihm das Gespräch gefallen. Deshalb vermeiden Sie,
Gegensätze aufkommen zu lassen.

8. Nicht voreilig nach Details des Vertrages fragen

In dem ersten Vorstellungsgespräch dürfen Sie nicht versuchen, alle
Details eines zukünftigen Anstellungsvertrages zu klären. Das sollte
erst im zweiten oder dritten Gespräch geschehen, wenn klar ist, das
Ihr Partner Interesse an Ihrer Mitarbeit hat und Sie dafür gewinnen
will.

Beschränken Sie sich im ersten Gespräch auf einige Grundsatzin-
formationen über Art und Umfang der Position sowie den unge-
fähren Einkommensrahmen. Wenn Sie Ihren Partner davon überzeugt haben, daß Sie seine Probleme lösen können, wird er sich bei
der Regelung der Details großzügiger verhalten, als wenn Sie diese

Fragen ins Gespräch bringen, bevor er sich innerlich für Sie entschieden hat.

9. Peinliche Fragen offen beantworten

Peinliche Fragen betreffen oft den Grund des Positionswechsels oder des Ausscheidens aus einer bestimmten Firma. Die glaubhafteste Antwort ist immer die, welche der Wahrheit am nächsten kommt. Deshalb sollten Sie die Argumente dafür vorher gut überlegt haben, um klar und knapp antworten zu können und nicht verlegen herumstottern zu müssen. Betonen Sie bei der Schilderung Ihrer Enscheidungsgründe das Positive. Stellen Sie Ihren früheren Arbeitgeber und Vorgesetzten nicht schlecht dar, es wirkt negativ auf Sie zurück.

10. Einen gepflegten Eindruck machen

Machen Sie in Ihrem äußeren Auftreten beim Vorstellungsgespräch einen gepflegten und korrekten Eindruck. Jede Übertreibung nach der Seite aufdringlicher Korrektheit oder aber hemdsärmeliger Lässigkeit schadet. Wer sich seiner selbst gewiß ist, tritt mit ruhiger Gelassenheit auf, vermeidet Übertreibungen und Imponiergehabe. Leute, die einen besonderen äußeren Eindruck hervorkehren möchten, verraten dem kundigen Beobachter Unsicherheiten und Komplexe.

11. Nicht auf einen Abschluß drängen

Versuchen Sie nicht beim ersten Vorstellungsgespräch eine Zusage für einen Vertragsabschluß erzwingen zu wollen. Geben sie ruhig zu verstehen, daß auch Sie das Angebot überlegen und die notwendige Veränderung, vor allem den Ortswechsel mit Ihrer Familie besprechen wollen. Bitten Sie Ihren Gesprächspartner, Ihnen innerhalb einer vertretbaren Zeit mitzuteilen, ob seine Firma an einer Fortsetzung des Gespräches interessiert ist.

12. Das Gespräch schriftlich bestätigen

Schreiben Sie Ihrem Gesprächspartner nach etwa einer Woche einen Brief, bedanken Sie sich für die Aufnahme und das Gespräch und sprechen ein bis zwei für sie besonders interessante Gesichtspunkte daraus an. Dann bringen Sie Ihr Interesse an der angebotenen Aufgabe und Ihre Überzeugung zum Ausdruck, dem Unternehmen mit Ihren Erfahrungen nützlich sein zu können. Überlassen Sie es ihm, den Fortgang der Verhandlungen zu bestimmen.

Nach dem ersten Gespräch fertigt man für sich ein Gesprächsprotokoll an, in dem man neben den Fakten auch persönliche Eindrücke festhalten sollte. Halten Sie auch die Fahrtkilometer bzw. Verpflegungskosten oder sonstige Spesen fest, damit Sie nach Abschluß der Bewerbungsgespräche eine Rechnung für entstandene Kosten stellen können. Haben Sie ein zweites Gespräch vereinbart, und dieses interessiert Sie wirklich sehr, empfiehlt es sich, den zweiten Termin schriftlich zu bestätigen und das konkrete Interesse noch einmal zu bekunden.

Das zweite Gespräch
Nach dem ersten Bewerbungsgespräch im Unternehmen oder auch bei einem Personalberater, haben Sie konkretere Informationen über das Aufgabenfeld, für das Sie sich bewerben. Nun sollten Sie sich für das zweite Gespräch noch einmal tiefer vorbereiten und ggf. ein Konzept vorlegen. Sie sollten dem Interviewer zeigen, daß Sie sich nicht nur allgemein vorbereitet, sondern sich sogar in die Probleme des Unternehmens hineingedacht haben.

Im zweiten Gespräch geht es weniger um die persönlichen Daten, sondern um die fachlichen Kenntnisse des Bewerbers. Dabei können auch Arbeitsproben gezeigt werden, wie Pläne, Checklisten oder Diagramme aus der bisherigen Arbeit. Beachten Sie jedoch bitte, daß keine Firmengeheimnisse preisgegeben werden. Wenn Ihre persönliche und fachliche Eignung als gegeben erscheint, wird man auch auf das Gehalt zu sprechen kommen. Dabei nennt der Bewerber meist sein Ist-Gehalt einschließlich der Tantiemen oder Boni, oder das vertraglich vereinbarte, zu erwartende Gehalt, oder das Zielgehalt für die neue Position. Wie an anderer Stelle schon erwähnt, sollte bei einem Wechsel eine Gehaltserhöhung von 15 bis 25 % erreicht werden können. In manchen Unternehmen läßt sich das nicht durchsetzen, wenn aus personalpolitischen Gründen bestimmte Gehaltsrichtlinien von der Unternehmensseite her gegeben sind. Dann muß der Bewerber überlegen, ob er sich mit dem vorgegebenen Gehaltsrahmen identifizieren kann. Ein Wechsel wäre nur dann interessant, wenn die Aufgabe eine deutliche Herausforderung gegenüber der bisherigen wäre.

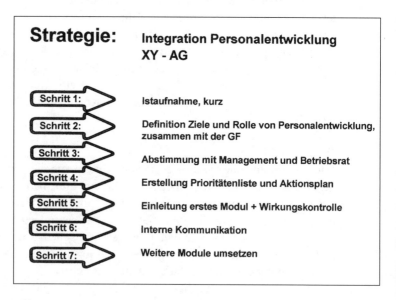

Abb. 22 Strategie der Personalentwicklung

Auch nach dem zweiten Bewerbungsgespräch empfiehlt es sich,
wenn weiterhin konkretes Interesse an der Position besteht, einen
Nachfaßbrief zu schreiben, sich für die Gespräche zu bedanken um
konkretes Interesse an der Position zu demonstrieren.
Hier nun ein Beispiel, wie Diplom-Ingenieur Glöckler, der sich
als Qualitätsmanager in einem Unternehmen bewarb, seine Vorgehensweise bei der Umsetzung der Einführung von Qualitätsmanagement durch Charts untermauerte. Die drei untenstehenden Abbildungen (Abb. 22 – 24) präsentierte Glöckler dem Personalvorstand,
der ihn interviewte, mit großem Erfolg.

Strategische Initiativen
⇨ Gruppenarbeit

- **Definition/Ziele/Umfang**
- **Bildung eines Leistungsgremiums**
- **Analyse derzeitige Situation/Prozessabläufe**
- **Betriebsvereinbarung**
- **Festlegen der Einführungsstrategie**
    - **Erstellen einer Wissensdatenbank**
    - **Struktur der Teams**
    - **Arbeitsumfeld**
    - **Zielgruppenorientiertes Trainingskonzept**
        - **Problemlösung, Kommunikation,**
          Visual Management etc.
    - **erster Probelauf**
- **Kontinuierliche Zusammenarbeit mit Meistern und Betriebsrat**

Abb. 23 Gruppenarbeit in der Personalentwicklung

172

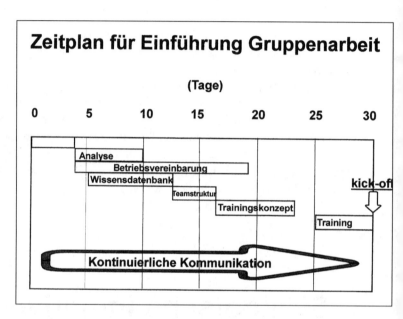

Abb. 24 Zeitplan für die Personalentwicklung

Fragestellungen für Vorstellungsgespräche
Im zweiten Bewerbungsgespräch geht es um das Wesentliche. Die
Interviewer wollen vom Bewerber präzisere Auskunft über sein Leistungsvermögen und umgekehrt müssen Sie tiefer bohren und entsprechende Fragen stellen.

Die folgenden Fragen gehen in die Tiefe unternehmerischen Wis-
sens und können oftmals nicht sofort beantwortet werden. Oder
man möchte diese Fragen nicht beantworten, um sich bei firmeninternen Schwächen nicht bloßstellen zu müssen. Es sind Fragen für
Führungskräfte.

Fragen an das Unternehmen
– Wie ist das Unternehmen organisatorisch gegliedert und welche
  strategischen Geschäftseinheiten existieren?

- Welche Profitcenters?
- Die Umsätze in der Entwicklung zwischen Vorjahr, Jahr
  und Planung?
- Entwicklung des Materialaufwandes?
- Entwicklung des Personalaufwandes?
- Entwicklung der Anzahl der Mitarbeiter?
- Entwicklung der sonstigen Kosten?
- Entwicklung des Betriebsergebnisses?
- Entwickung des Cash-Flow?
- Entwicklung der Liquidität?
- Veränderung der Kundenanzahl?
- Wer sind A und B Kunden?
- Veränderung des Auftragseinganges?
- Veränderung des Bekanntheitsgrades?
- Veränderung vom Image?
- Veränderung der Höhe des durchschnittlichen Auftragswerts?
- Wie behandelt man Reklamationen?
- Wie wird die Produktqualität gemessen?
- Wie ist das Qualitätswesen gestaltet?
- Was wird in welchen Werken produziert?
- Ist das Unternehmen zertifiziert? Nach welchen Standards?

- Welche Sind Ihre eigenen Erfolgsfaktoren?
- Bei welchen Produkten wird Geld verdient, bei welchen
  Produkten nicht?
- Bei welchen Serviceleistungen wird Geld verdient?
- Wie ist die Kundenstruktur und wie wird sie sich über
  die nächsten drei Jahre hin verändern?
- In welchem Rhythmus werden neue Produkte entwickelt?
- Wo bietet das Unternehmen Service-Niederlassungen?

- Worin liegt die Kompetenz Ihres Unternehmens?
- Worin liegt die Spitzenleistung aus Firmensicht?
- Worin liegt die Spitzenleistung aus Kundensicht?
- Welche sind die innerbetrieblichen Engpässe?

- Welche sind die Engpässe zur Neukundengewinnung?
- Welche Engpässe sind in der Produktion zu lösen?

- Wie sieht die Strategie des Unternehmens aus?
- hat das Unternehmen eine eindeutige Leistungspalette?
- Ist die Strategie marktlückenorientiert?
- Welche Ziele verfolgt das Unternehmen (Marktanteile, Kundennutzen, Marktführerschaft)?
- Welchen Know-how-Vorsprung besitzt das Unternehmen(welche Ergebnisse bringt die Abteilung Forschung und Entwicklung, besteht ein Innovations-Know-how, ein Schulungs-system, Patente, Franchisewissen)?
- In wie weit kooperiert das Unternehmen am Markt? (wo liegen die Stärken des Unternehmens, welche Bereiche sind ausgegliedert worden, wer sind Kooperationspartner am Markt)
- Welche Führungsmethoden werden eingesetzt?

Entsprechend der vorgesehenen Aufgabe und firmenbezogen suchen Sie sich – ergänzend zu Ihren eigenen Überlegungen – die relevanten Fragestellungen aus und halten diese schriftlich fest. Im Vorstellungsgespräch selbst sind Sie dann sicherer in der Gesprächsführung, und Ihr Gegenüber wird positiv registrieren, daß Sie gut vorbereitet sind.

7.4   Eignungstest

Was ist Eignung? Eignung ist die hinreichende Übereinstimmung von individuellen Leistungsvoraussetzungen und aufgabenabhängigen Anforderungen bei konkreten, beruflichen Tätigkeiten. Geeignet ist also, wer den gestellten Anforderungen mit hoher Erfolgswahrscheinlichkeit entspricht.

   Um diese Erfolgswahrscheinlichkeit zu prüfen, setzen viele Unternehmen psychologische Eignungstestverfahren zur Bewerberauswahl ein. Dabei spielen die Untersuchungsergebnisse als Kriteri-

um für die Entscheidung zugunsten oder zu ungunsten des Bewer-   175
bers eine nicht unerhebliche Rolle. Die Untersuchungsmethoden
sind sehr vielfältig und unterschiedlich. Nicht selten bittet man den
Bewerber um eine Handschriftprobe. Mit einer Handschriftprobe
wird anschließend eine graphologische Prüfung durchgeführt, deren
Auswertung jedoch in der Literatur zwiespältig diskutiert wird.
Für eine Handschriftprobe genügt es, zehn bis zwanzig Zeilen aus
der Tageszeitung abzuschreiben, den Brief zu datieren und zu unter-
schreiben. Die Absenderangabe auf der Handschriftprobe bitte
nicht vergessen.

Grundsätzlich sollte man psychologischen oder graphologischen
Tests positiv gegenüberstehen. Nur wenige Unternehmen treffen
Personalentscheidungen, ohne Psychologen zu Rate zu ziehen.
Sie benutzen verstärkt psycho-diagnostische, wissenschaftlich
validierte Tests, die eine relativ hohe Aussagekraft haben. Gute
psychometrische Eignungstests, in Verbindung mit systematischen
Auswahlgesprächen, führen für beide Parteien, Unternehmen wie
auch für den Bewerber, zu einer besseren Transparenz bei diesen
wichtigen Entscheidungen. Das Unternehmen kann unter mehreren
Bewerbern die Position besser besetzen, und dem Bewerber wird
erspart, sich in einer Aufgabe aufzureiben, für die er nicht die nötige
Eignung mitbringt. Bei einer seriösen Personalauswahl ist es üblich,
daß der Getestete die Ergebnisse der Eignungsuntersuchung in auf-
bereiteter und leicht verständlicher Form erhält. Diese Testergebnisse sind somit eine verläßliche Information für eine qualitativ
bessere Berufs- und Karriereorientierung. Der Kandidat bekommt
ein besseres Bild über seine eigenen Fähigkeiten und Neigungen
(Goslar 1998).

Die Teilnahme an psychologischen Eignungsuntersuchungen
ist freiwillig. In jedem Fall muß der Testteilnehmer zuvor sein
Einverständnis mündlich oder schriftlich geben. Zumeist wird dem
Bewerber von Unternehmer-/ oder Personalberaterseite auch zu
verstehen gegeben, daß er bei Verweigerung der Teilnahme aus
dem anstehenden Bewerbungsverfahren ausscheidet.

Es gibt eine Fülle psychologischer Auswahlverfahren: Intelligenztest, Leistungstests, Persönlichkeitstests, biographische Fragebögen, situative Interviews und Assessment Centers. Dazu gibt es eine Vielzahl computergestützter Eignungstests, die über diverse Verlage bestellt werden können. Die Kosten für die Computerauswertung sind relativ gering, die Aussagen jedoch nicht so präzise, wie wenn ein direkter Kontakt zwischen Testperson und dem Psychologen gegeben ist. Über fachliche und persönliche Tests hinaus gibt es eine Vielzahl von Instrumenten um persönliche Denk- und Verhaltensweisen zu analysieren, wie beispielsweise den H.D.I-Test (Hermann-Dominanz-Instrument), das Struktogramm (nach Schirm), das DISG-Modell u.a.

Jeder Mensch hat Denk- und Verhaltensweisen, die er bevorzugt und die für ihn typisch sind. Diese sind Ausdruck seiner Einmaligkeit und Grundlagen seiner Persönlichkeit. So haben sich auf der Grundlage angeborener Eigenheiten sowie durch Elternhaus, Schulerziehung und Ausbildung Denk- und Verhaltensmuster entwickelt, die zudem durch die soziale Umgebung geprägt sind. Diese persönlichen Eigenheiten können durch diese o.a. erwähnten Instrumente herausgearbeitet werden. Diese Verhaltenstests werden weniger bei Bewerbungsgesprächen eingesetzt, als für die innerbetriebliche Weiterbildung, Teambildung und zur Stabilisierung des Umganges von Mitarbeitern im Unternehmen (vgl. Seiwert/Gay 1996).

Im Rahmen einer firmeninternen Schulung, Auswahl und Förderung von Mitarbeitern werden darüber hinaus das Instrument der Potentialanalyse und die Assessment-Center-Methode eingesetzt. Mit den verschiedenen Facetten der Assessment Center befassen wir uns im folgenden Abschnitt.

7.5 Assessment Center

Das Assessment Center (AC) ist ein Verfahren zur Einschätzung der Führungsfähigkeiten und Einsatzfähigkeiten von Mitarbeitern im Rahmen der Bewerberauswahl und für gezielte Personalentwicklungsmaßnahmen. Hierbei werden vor allem verhaltensbezogene Merkmale wie Kommunikation, Kooperation, strategisches und planerisches Verhalten sowie praktische Urteilsfähigkeit beurteilt.

Die Assessment Center zeichnen sich dadurch aus, daß sie mehrere Untersuchungsmethoden in sich vereinen, und die Prozesse und Resultate dieser Methoden von mehreren unabhängigen Beobachtern beurteilt werden.

Wie so viele Managementideen hat das Assessment Center seine Ursprünge jenseits des Atlantiks und im militärischen Bereich. Harvard-Professor Henry Murray propagierte diese Methode in den 30er Jahren. Assessment Center, in seiner Wortbedeutung als „Einschätzungs-Zentrum" übersetzt, verweist auf den Ort oder das Gebäude, in dem diese Verfahren durchgeführt wurden.

In Deutschland wurde die Assessment-Center-Methode Anfang der 70er Jahre von ameríkanischen Tochterunternehmen eingeführt. Sie ist jedoch heutzutage bei einer Fülle von Großunternehmen Standard, vor allem bei der Auswahl von Bewerbern. Neben den anderen eignungsdiagnostischen Verfahren ist das Assessment Center das komplexeste und auch aufwendigste. Mehrtägige Auswahlseminare verheißen eine treffsichere Prognose für die spätere Leistungsbereitschaft, für Kreativität, Phantasie und Spitzenleistungen zum Nutzen des Unternehmens und des Kandidaten. Dabei wird nicht behauptet, daß die Assessment Center das insgesamt beste Auswahlverfahren seien, man ist sich jedoch in dem Bereich Human Resources einig, daß die Assessment-Center-Seminare den anderen Instrumentarien der Bewerberauslese deutlich überlegen seien.

Seit wenigen Jahren geht das Volumen an mehrtägigen Assessment-Center-Seminaren im Bereich der Führungskräfte zurück, da die Kosten enorm hoch sind. So werden heute von Großunternehmen Führungskräfteseminare entwickelt, die mit weniger Aufwand, jedoch auch durch psychologische Methoden unterstützt, jene Führungskräfte entdecken läßt, die Potential für höherwertige Führungsaufgaben mitbringen (vgl. Biereye/Federlin, 1997).

Die Einsatzbereiche der Assessment Center liegen in der Auswahl externer Bewerber für spezielle Aufgabenstellungen, der Auswahl von förderungswürdigen Kandidaten für spezielle Projekte oder Führungsaufgaben, in dem frühzeitigen Erkennen von Spezialistenpotentialen, in der Identifikation des Managementnachwuchses mit definierten Beurteilungs- und Leistungsstandards, sowie der Entwicklung von Weiterbildungsmaßnahmen.

Der Nutzwert für die Unternehmen liegt dabei in der Risikominderung für das Unternehmen bei der Auswahl von Stellenanwärtern, der größeren Objektivität des Verfahrens, der Steigerung der Transparenz des Beurteilungsverfahrens für die Teilnehmer, insbesondere durch die Beurteilungsergebnisse im Feed-back-Gespräch, sowie der Steigerung der sozialen Kompetenz der Führungskräfte, die als Beobachter an Auswahl- bzw. Personalentwicklungsseminaren teilgenommen haben. Schließlich sind sich die Veranstalter einig, daß Fehlbesetzungen im Management durch ACs vermieden werden – dies ist der wesentliche Vorteil.

Für den erfahrenen Ingenieur dürfte ein Assessment Center (AC) firmenintern in Frage kommen, wenn er unter die Rubrik „Führungskräftenachwuchs" fällt. Dazu gehören Leitende wie auch Geschäftsführer konzerneigener Tochterunternehmen, deren Potential für mögliche Vorstandspositionen durchleuchtet werden soll.

Eine in letzter Zeit häufiger durchgeführte Methode für leitende Ingenieure sind Einzel-Assessment-Center. Diese ACs werden Führungskräften angeboten (verordnet), die sich für eine Top-Position (Geschäftsführer, Vorstand) bei anderen Unternehmen bewerben. Mit den AC-Ergebnissen sichern sich Aufsichtsräte, Vorstandsvorsitzende und Inhaber bei ihrer Entscheidung für einen Spitzenkandidat ab. Leitenden Ingenieuren kann man nicht zumuten, in einem offenen Seminar kundzutun, daß sie sich bei einem Unternehmen bewerben. So werden sie mit den ähnlichen Fragestellungen und Testverfahren alleine konfrontiert.

Die Einzel-ACs finden zumeist in einem Büro eines Personalberaters oder Psychologen statt. Ein Einzel-AC kann folgende Inhalte haben:

1. Einstündiges Interview über den beruflichen Werdegang, Fachkenntnisse und private Lebensumstände

2. Dreistündige Abfolge mit diversen Tests (Logik, Verständnis, Sprachen, Persönlichkeits- und Interessenstest u.a.)
3. Nach kurzer Mittagspause weitere Tests unter Zeitdruck
4. Ein siebenminütiges Referat zu einem speziellen Thema, per Video aufgenommen
5. Abschlußinterview.

Nach dem eintägigen Assessment Center werden die Testbögen ausgewertet, die Einschätzung des Interviewers protokolliert und das Testergebnis dem beauftragenden Unternehmen zur Verfügung gestellt. Der Bewerber selbst bekommt bei diesem Einzel-AC das Feed-back nicht sofort, sondern einige Tage danach, sei es durch eine telefonische Auskunft oder – je nach durchführendem Institut – als schriftliche Kurzfassung.

7.6 Vertrag

Sie haben durch die Tests bzw. in den Interviews gezeigt, daß Sie der optimale Kandidat sind und bekommen einen Vertrag vorgelegt. Dabei kann es sich um einen

- Vertrag mit außertariflichen Angestellten, einen
- Vertrag mit leitenden Angestellten, einen
- Vertrag für Geschäftsführer oder Vorstände, einen
- Beratervertrag

oder andere Vertragsarten handeln. Bei GmbH-Geschäftsführern wird der Dienstvertrag durch einen Gesellschafterbeschluß ergänzt. Bei Vorstandsmitgliedern einer Aktiengesellschaft erfolgt die Berufung über einen Beschluß des Aufsichtsrates. Ihre Bestellung zum Geschäftsführer oder Vorstand muß in das Handelsregister eingetragen werden. (Als Literatur zu diesem komplexen Thema sei hier empfohlen: Hoffmann/Liebs 1995.)

Wichtige Punkte, die es bei einem Anstellungsvertrag für Führungskräfte zu beachten oder zu klären gibt, sind außer der Aufgabe vor allem:

- Laufzeit des Vertrages oder Befristung
- Überstellungen, Unterstellungen
- Kündigungsfrist (mindestens ein halbes Jahr)
- Wettbewerbsklausel (am besten vermeiden)

Unternehmen Müller & Co., Babenhausen

Geschäftsführer Herr Thomas Mustermann

Zielvereinbarung für variables Gehalt - Beispiel -

		Bestimmung des Faktors bei Zielerreichung				
Unternehmensziele	Gewicht	mangel-haft	annähernd erreicht	voll erreicht	deutlich über-schritten	erreichter Bonus
Jahresüberschuß als Zielgröße für ertrags-orientiertes Wirtschaften	0,4				X	0,4 x 1,5 = 0,6
Umsatzerlöse als Zielgröße für Wachstum und Marktdurchdringung	0,3			X		0,3 x 1,0 = 0,3
Ausbau strategi-scher Erfolgsfak-toren, wie Pro-duktentwicklung, Rationalisierungs-projekte u.a.	0,3		X			0,3 x 0,5 = 0,15
Summen	1,0	0	0,5	1,0	1,5	1,05

Bei 100 % Zielerreichung (Faktor 1,0) 40 TDM Bonus. Mehr ist möglich. In diesem Beispiel: 42 TDM Bonus.

Muster 43 Zielvereinbarung für Geschäftsführer

– Finanzielle und materielle Ausstattung (Gehalt, Fahrzeug u.a.)   181
– Rentenversorgung (sehr wichtig bei Vorständen, die selbst dafür
  sorgen müssen)
– Umzugskostenregelung
– Tantiemen bei erfolgreicher Leistung.

Seit einigen Jahren werden die Bezüge vermehrt in ein Fixum und
einen variablen Anteil gesplittet. Beispielsweise erhält ein Ingenieur
als Geschäftsführer 200 TDM fest zuzüglich einer Tantieme, die entweder an den Umsatz, an die Produktivität, an den Ertrag vor Steuern oder eine andere Erfolgsgröße gekoppelt sein kann. Dafür finden
Sie mit Muster 43 (links) ein Beispiel.

Wenn Sie mehrere Vertragsangebote zeitgleich vorliegen haben
(was nach einer Aktion Zielgruppen-Kurzbewerbung öfter vorkommt), sollten Sie Ihre Überlegungen, welches Unternehmen denn
nun das Beste für Sie sei, schriftlich festhalten. Beispielsweise wie in
nachfolgender Tabelle 1:

Abb. 25: Arbeitsplatzbewertung bei verschiedenen Unternehmen

Entscheidungskriterium	Gewichtung	Firma 1	Firma 2
		Bewertung	*Bewertung*
Aufgabe	1,0	x 8 = 8	x 7 = 7
Aufstiegschancen	0,7	x 5 = 3,5	x 7 = 4,9
Schneller Einstieg insThema	0,8	x 4 = 3,6	x 7 = 5,6
Marktsegment	0,6	x 6 = 3,6	x 7 = 4,2
Gehalt	0,7	x 7 = 4,9	x 8 = 5,6
Tantiemen	0,4	x 5 = 2	x 6 = 2,4

Abb. 25 Fortsetzung

Entscheidungskriterium	Gewichtung	Firma 1	Firma 2
		Bewertung	*Bewertung*
Mitarbeiter	0,7	x 7 = 4,9	x 8 = 5,6
Region	0,5	x 10 = 5	x 6 = 3
Summe		**35,5**	**38,3**

Solche Entscheidungshilfen machen es leichter, sich für einen Vertrag zu entscheiden oder ihn zumindest besser mit Freunden diskutieren zu können. Letztendlich hängt die Entscheidung, für welches Unternehmen Sie sich engagieren davon ab, in welcher Ausgangslage Sie sich befinden. Ob Sie in ungekündigter oder gekündigter Stellung sind oder gar die nächstbeste Chance annehmen sollten. Und außerdem kommt es darauf an, welches Gefühl Sie in dieser Sache haben.

Nach Vertragsunterzeichnung von beiden Seiten kündigt man im bisherigen Unternehmen, macht seinen Arbeitsplatz übergabereif und bereitet sich auf den Positionswechsel vor.

7.7 Probezeit

Wie Sie Ihr Verhalten in der Probezeit ausrichten müssen, hängt von der Zielsetzung ab, die Ihnen gestellt wurde und welche Sie selbst verfolgen wollen. Wenn Sie als Werksleiter mit der Aufgabe des trouble-shooting eingestellt wurden, müssen Sie anders vorgehen, als wenn Sie als rechte Hand des Forschungsleiters eingestellt wurden. So gilt es schon vor dem Stellenantritt bzw. direkt zu Anfang mit Ihren Vorgesetzten bzw. dem Inhaber oder Hauptaktionär die Ziele und Erwartungen für die ersten 100 Tage abzustecken.

Sicherlich werden Sie Ihren Mitarbeitern und Kollegen vorgestellt und zudem Bekanntschaft mit dem Betriebsrat machen. Nützlich ist dabei, sich ein Soziogramm zu erstellen, in dem festgehalten wird, mit welchen Personen Sie es künftig zu tun haben, deren Rolle, deren Kompetenz und deren Einstellung zu Ihrer Funktion. Wenn das Fachgebiet und die Mitarbeiter in Ihrem Umfeld sondiert sind, werden sicherlich erste Engpässe bzw. Chancen sichtbar, in die hinein der Neuling seine Stärken ausprägen kann. Von Seiten des Umfeldes sind natürlich die Erwartungen an einen Newcomer hoch und oftmals wird versucht, ihm alle möglichen Aufgaben zu oktroieren. In dieser ersten Bewährungsphase gilt es, eine klare Linie zu zeigen, nicht alle Ideen anzunehmen, sondern sich auf die Hauptaufgabe, die im Einverständnis mit dem Vorgesetzten definiert sind, zu konzentrieren. Mewes empfiehlt in diesem Sinne das enpaßkonzentrierte Verhalten, d.h. man konzentriere sich an den Engpaßproblemen der nächsten Vorgesetzenebene. Statt dem Vorgesetzten irgendwelche Lösungen zu präsentieren, sollte die Lösung für das derzeit brennendste Problem entwickelt werden. In diesem Punkt ist der Nutzen für die Abteilung oder das Unternehmen am größten und zudem die Akzeptanz und die Vertrauensbildung für den Newcomer am stärksten.

Über die fachliche Orientierung hinaus muß man sich natürlich auch an den Machtverhältnissen im Unternehmen orientieren.

BEISPIEL

Dr. Peter Knoll wird in die Werksleitung eines Herstellers von Nutzfahrzeugen berufen. Das bislang familiengeführte, mittelständische Unternehmen hatte einen Großteil ihrer Anteile an eine renommierte Beteiligungsgesellschaft abgegeben. Dr. Knoll wurde durch Beziehungen von einem Mitglied des Beirats und dem Vorsitzenden der Geschäftsführung bestellt und über einen Gesellschafterbeschluß als neuer Mitgeschäftsführer berufen.

Dr. Knoll erkannt schon nach wenigen Tagen, daß die für ihn wichtigen Mitarbeiter, die seit über 20 Jahren im Unternehmen sind, seine neuen Ideen blockieren. Zugleich war sich Knoll sicher, daß die bislang in anderen Unternehmen von ihm durchgesetzten Konzepte zur deutlichen Effizienz- und Ertragssteigerung beitrugen und auch in dem neuen Unternehmen beitragen werden. Als technischer Geschäftsführer kann er zwar weitgehend alleine entscheiden, er muß aber auf gewachsene Beziehungen Rücksicht nehmen.

Er hätte die Möglichkeit, sein Konzept als großartig darzustellen, die Mitgeschäftsführer um Unterstützung bitten können, um dann ggf. Mitarbeiter, die sein Konzept nicht mittragen zu entlassen. Solch eine konfrontative Vorgehensweise führt jedoch häufig zur Beendigung des Anstellungsverhältnisses im Rahmen der Probezeit (wobei in diesem Falle keine Probezeit, sondern ein 3-Jahres-Vertrag vereinbart war).

Besser ist, zunächst exakte Informationen über die bisherigen Arbeitsweise und Effizienz der Produktion zu erhalten, das neue Konzept weiter zu verbessern und mit Fakten zu unterlegen, um dann von der Meisterebene aus die Mitarbeiter für kleine Produktivitätsfortschritte zu gewinnen. Insgesamt sollte eine win-win-win-Situation entstehen, so daß der Newcomer erste kleine Erfolge in kurzer Zeit nachweisen kann, sein Arbeitsteam ebenso, und daß die bisherigen Gegner seiner Arbeitsweise ohne große Konfrontation diese Arbeitslinie unterstützen. Solch ein Führungsverhalten ist sicherlich nicht einfach, macht jedoch eine gute Führungskraft aus.

Statt Probleme aufzuzeigen, erwartet man von einer Führungskraft Lösungsansätze!

Die Probezeit stellt für den erfahrenen Ingenieur zumeist keinerlei besondere Problematik dar, wenn in den Vorstellungsgesprächen Offenheit gezeigt und die beiderseitigen Erwartungen konkret abgestimmt wurden.

8   Kooperationspartner

Kooperationspartner in Ihrer Karriere können Arbeitskollegen sein, Vorgesetzte und Freunde aus Ihrem persönlichen Netzwerk, ferner Mitstreiter in Ihren Berufs- oder Industrieverbänden oder ähnlichen Organisationen, Ihr Steuerberater und Rechtsanwalt. Kurzum, es gibt private Helfershelfer für die persönliche Karriere, wie auch professionelle Kooperationspartner. Diese gilt es zu kennen und bei Bedarf anzusprechen.

Damit Sie Ihr Netzwerk gut aufbauen können, sollten Sie sich über Ihre Stärken und Ihren Nutzwert für andere Firmen im klaren sein. Wer gute Leistung bietet oder gar Spitzen-Leistungen, kann sich bei gegebenen Anlässen wie Messen und beruflichen Veranstaltungen zu erkennen geben und Kontakte anbahnen. Bitte vergessen Sie nicht, firmenintern nach Kooperationspartnern oder Verbündeten zu suchen, um gemeinsam im Unternehmen weiterzukommen.

In ungekündigter Position können beide Bereiche, die professionellen Kontaktpersonen wie auch die Privatempfehler hilfreich sein. In den folgenden Abschnitten untersuchen wir die Möglichkeiten und Chancen der Zusammenarbeit mit professionellen Kooperationspartnern im Arbeitsmarkt.

8.1   Personalberater

Unter Personalberatung im engeren Sinne versteht man die Beratung von Unternehmen bei der Suche und Auswahl von Führungs- und Fachkräften bei der Besetzung von offenen Stellen. Die Personalberater werden gegen Honorar mit dieser Aufgabe beauftragt, wenn die zu gewinnenden Personen im Arbeitsmarkt zu suchen sind. Ergänzend gibt es Unternehmensberater, die Gehaltsanalysen durchführen, Management-Audits in Firmen durchführen, Mitarbeiter in Firmen coachen – dies sind Personalberater im weiteren Sinne.

186   Der Markt für Personalberater ist seit 1994 offiziell frei. Die Personalberatung verstößt nicht mehr gegen die Monopolstellung der deutschen Arbeitsämter. Die nachstehende Aussage war 1994 längst überfällig: „Zulässige Personalberatung im Sinne dieser Grundsätze liegt vor, wenn ein Personalberater im Rahmen eines Beratungsauftrages auch bei der Suche und Auswahl von Führungskräften der Wirtschaft tätig wird." Mit dieser Regelung wurde die Personalberatung, insbesondere für Führungskräfte in Deutschland offiziell zulässig.

Personalberatungen sind beauftragt, den jeweiligen Unternehmensleitungen zu helfen, ihr Risiko bei der Suche und Auswahl von Personen für alle hierarchischen Ebenen zu minimieren. Die Kosten für die Suche neuer Mitarbeiter über ein Stellenangebot sind hoch, und ein falsch eingestellter Mitarbeiter kann ein teurer "Flop" werden. Über die Beschaffungskosten des Mitarbeiters hinaus entstehen bei einer Fehlentscheidung weitere Kosten, wie die Kosten der Einarbeitung, nutzlos gezahlte Gehälter, Abfindungen, Sozialabgaben, eventuelle Schäden durch negativ beeinflußtes Betriebsklima und anderes.

So lohnt es sich für Unternehmen, die die Personalsuche nicht selbst im eigenen Hause durchführen können, mit Personalberatern zusammenzuarbeiten um die Suche und Auswahl von Managern bzw. Ingenieuren professionell zu gestalten.

Der Service/die Arbeit des Personalberaters umfaßt drei Phasen: die Projektdefinition, die Suchphase und die Auswahlphase mit Vertragsabschluß.

In der Phase Projektdefinition gilt es exakt zu definieren, welche Qualifikation die gesuchte Person haben soll und welche Anforderungen das Unternehmen stellt. Hierbei unterstützt der Personalberater seine Klienten bei der konkreten Analyse und Formulierung der Ziele. Ergebnis dieser Stufe ist die exakte Beschreibung, wer wo gesucht wird und was angeboten wird, um die gesuchten Personen zu interessieren. Wenn in dieser ersten Phase der Projektdefinition gravierende Fehler gemacht werden sind die anschließenden Suchphasen meist zum Scheitern verurteilt.

In der Suchphase ist es die Aufgabe der Personalberater über
diverse Suchkanäle geeignete Kandidaten zu finden, die für den Auftraggeber interessant sein könnten. Die fünf wichtigsten Suchpfade
sind:

1. Anzeigenschaltung (Stellenangebote),
2. Direktansprache (Headhunting),
3. Auswertung von Stellengesuchen in Tageszeitungen oder
   Fachzeitschriften
4. Beziehungsnetz bisher vermittelter Kandidaten nutzen
5. Research über Karteien und andere computerunterstützte
   Archive.

Bei der Frage, welches der Suchverfahren das effektivste sei, scheiden
sich die Geister. Viele Personalberatungen suchen gleichzeitig über
alle fünf Kanäle ihre Kandidaten. Manche beschränken sich, vor
allem im Top-Management, auf die Direktansprache. Andere recherchieren über ein Beziehungs- und Kontaktnetz, das sie in vielen Jahren aufgebaut haben.

Natürlich fordern die Unternehmen und Institutionen, die als
Auftraggeber auftreten, von einem Personalberater mehr als nur
Beratung. Sie erwarten nicht nur präzise Feststellung von Anforde-
rungs- und Eignungsprofil, sondern eine schnelle Kandidatensuche
und Einstellung, wie auch Unterstützung bei der Verbesserung des
Qualitätsniveaus an Führungskräften.

Die Personalberater haben eine große und starke Konkurrenz
untereinander und zudem noch von anderen Organisationen, die in
der Personalvermittlung tätig sind; beispielsweise Banken, die über
ihre Aufsichtsratsmandate oder ihre Beratungsunternehmen Personalberatung sozusagen nebenher betreiben.

Dem erfahrenen Ingenieur sei geraten, mit Personalberatern gute
Kontakte zu pflegen. Es schadet nichts, wenn er in verschiedenen
Karteien zu finden ist. Es muß jedoch darauf geachtet werden, daß
man seinen Namen bei den Personalberatern nicht „verbrennt", d.h.
es ist schädlich, wenn mehrere Personalberater zur gleichen Zeit Ihre
Bewerbungsmappe bei einem Unternehmen auf den Tisch legen. So

ist es heute in manchen Firmen üblich, einen Suchauftrag nicht mehr exklusiv einem Personalberater zu geben, sondern auch andere auf Erfolgsbasis einzuschalten. Bei maximal 5 Personalberatern sollten Sie bekannt sein.

Gute Personalberater pflegen die Kontakte mit ihren vermittelten Führungskräften oft ein Leben lang. Zum einen weil sie durch eine vermittelte Führungskraft wiederum an neue Suchaufträge kommen könnten, und zum anderen, weil sie einen Ingenieur einige Jahre nach der Plazierung evtl. wieder in eine höhere Position ohne großen Aufwand vermitteln können.

Über die Qualität von Personalberatern kann man diskutieren - eines ist jedoch sicher: Sie sind unersetzliche Berater in unserer Gesellschaft und bringen bei professioneller Arbeit den Firmen und Bewerbern einen hohen Nutzen.

Als Ingenieur sollten Sie sich darum kümmern, wer in Ihrer Branche die renommierten Personalberater sind und diese in Ihrer Adreßkollektion erfassen. Schneiden Sie Anzeigen aus Ihrer Fachzeitschrift, die von Personalberatern aufgegeben wurden, aus und sammeln Sie diese. Dabei ist übrigens zu unterscheiden zwischen Personalberatern, die mit einem kompletten Suchauftrag versehen sind, und den Anzeigendiensten von Personalberatungsunternehmen, die lediglich ihre Adresse zur Verfügung stellen, um die eingehenden Bewerbungen ohne Prüfung an die auftraggebenden Firmen weiterzugeben. Letztere Adressen brauchen nicht erfaßt werden.

Wenn Sie von Personalberatern in Ihrer Firma angerufen werden, sollten Sie vor weiterem Engagement prüfen, ob dieses Personalberatungsunternehmen in Ihrer Branche spezialisiert ist, oder zu den Top 30 in Deutschland gehört. So gibt es immer wieder in den Wirtschaftsmagazinen Ranglisten von Personalberatungsunternehmen, die Sie sammeln sollten. Wenn Sie nun aufgrund eines Telefonats oder eines Stellenangebotes der Meinung sind, Ihre Bewerbungsmappe verschicken zu müssen, empfiehlt es sich, vorab mit dem Personalberater zu sprechen, ob er eine ausführliche Dokumentation oder eine Kurzbewerbung von Ihnen erwartet. Häufig genügt

den Personalberatern, wenn Sie Ihren Lebenslauf einschließlich
Photo und die Liste Berufserfahrung, jedoch nicht die Zeugnisse ein-
senden.

8.2. Karriereberater

Die zuvor beschriebene Berufsgruppe der Personalberater/Head-
hunter arbeitet im Firmenauftrag und sucht Führungskräfte. Personalberater beraten die Unternehmen und haben wenig Interesse
daran, den einzelnen Bewerber individuell zu beraten.

Die Individualberatung übernehmen Karriereberater gegen
Honorar. Auftraggeber sind die Führungskräfte selbst. Bei einer
Trennungsberatung (Outplacement) beauftragen und honorieren
jedoch die Unternehmen die Beratungsleistung der Karriere- bzw.
Outplacementberater (siehe unten) im Interesse von Kandidat und
Firma.

Der Karriereberater ist der ideale Partner für stellensuchende
Ingenieure. Er gibt Hilfestellung bei der Neupositionierung, dem
innerbetrieblichen Weiterkommen (Coaching) und ggf. beim Aufbau
einer Selbständigkeit. Abzugrenzen von den Karriereberatern sind
Bewerberberater, die lediglich Bewerbungsunterlagen optimieren
und Bewerbungstechniken vermitteln, jedoch nicht die persönliche
Reife und Fachkompetenz haben, erfahrenen Ingenieuren in der
Karriere zu unterstützen. Von einem Karriereberater dürfen Sie
erwarten, daß er zumindest ähnliche Führungsfunktion wie Sie
selbst inne gehabt hat. Bei der Karriereberatung geht es nicht darum,
die Bewerbungsunterlagen mit dem besten Laserdrucker schön zu
gestalten, sondern darum, Ihr Stärkenprofil herauszuarbeiten und
Ihnen zu helfen, sich in Marktlücken hinein zu positionieren. Dazu
braucht ein Karriereberater Marktkenntnis, Führungserfahrung und
psychologisches Einfühlungsvermögen.

Das Aufgabenspektrum eines Karriereberaters

Positionswechsel

1. Herausarbeiten der Stärken des Bewerbers, seines Potentials und seiner Zielgruppe: die Unternehmen, denen er einen Nutzen bieten kann.
2. Definition einer möglichen Marktlücke.
3. Umsetzung seines Profils in eine aussagefähige Bewerbungsmappe.
4. Kontaktaufbau zu seiner Zielgruppe unter Mitwirkung des Karriereberaters.
5. Markttest mit Zielgruppen-Kurzbewerbung nach EKS.
6. Vermittlung einer neuen Position.

Outsourcing

1. Herausarbeiten der Stärken des Bewerbers, seines Potentials und möglicher Funktionen, in denen er seinem Unternehmen als freier Mitarbeiter einen Nutzen bieten kann.
2. Herausarbeiten des Nutzens für sein Unternehmen und für ihn.
3. Präsentation des Nutzens bei seiner Firma oder beim Wettbewerb.
4. Realisierung der Outsourcing-Kooperation.

Existenzgründung

1. Herausarbeiten der Stärken des Bewerbers, seines Potentials undseiner Zielgruppe: die Unternehmen, denen er ein Problem lösen kann.
2. Erarbeiten einer marktlückenorientierten Geschäftsstrategie.
3. Risikoloser Test der Geschäftsidee.
4. Verbesserung der Strategie aufgrund der Testergebnisse.
5. Start der konkreten Existenzgründung – freiberuflich oder gewerblich.

Coaching von Führungskräften
1. Probezeit begleiten.
2. Regelmäßiger Zielabgleich zwischen Individuum und
   Unternehmen.
3. Entwicklung der persönlichen Stärken, vermeiden des 'burn-out'.
4. Langjährige Begleitung bis in Führungspositionen.

8.3 Outplacementberater

Personalentlassungen gibt es auf allen hierarchischen Ebenen und
auch im Bereich der erfahrenen Ingenieure. Aufgrund der leitenden
Stellung und des größeren Einflusses, aber auch durch die gesell-
schaftliche Stellung der Führungskraft werden ihre Probleme bei der
Trenung eher noch verschärft. Zur Milderung der Entlassungspro-
blematik für das Unternehmen wie für den Freizustellenden hat sich
das Instrument des Outplacement, das Anfang der 80er Jahre aus
den USA nach Europa gefunden hat, bewährt. Fritz Stoebe, der
Nestor des Outplacement in Deutschland, hat das Outplacementver-
fahren für deutsche Verhältnisse kultiviert und es zu einem Verfahren für eine faire Trennung gemacht.

Outplacement ist ein personalwirtschaftliches Instrument, das
dem Unternehmen und der betroffenen Führungskraft unter Feder-
führung eines erfahrenen Outplacementberaters oder Karriereberaters eine einvernehmliche Trennung ermöglicht. Ziel ist, dem ausscheidenden Mitarbeiter durch eine gezielte Strategie aus einem
noch ungekündigten Arbeitsverhältnis heraus eine seinen Fähigkeiten und Neigungen entsprechende Aufgabe in einem anderen Unternehmen zu finden. Die Vorteile für den Kandidaten liegen in dem
reibungslosen Übergang in eine neue Position. Vorteile für das
Unternehmen sind darin zu sehen, daß Rechtsstreitigkeiten vermieden werden, daß ein ex- und interner Imageverlust vermieden wird,
daß je nach Restlaufzeit des Vertrages Gehaltskosten gespart werden
und anderes mehr.

Erstaunlich ist, daß das Instrument des Outplacement bei vielen Führungskräften nicht bekannt ist. Die Führungskraft hat bei der fairen Trennung nicht nur den Vorteil, daß das Unternehmen die Kosten übernimmt, sondern der Führungskraft wird auch geholfen, die Ängste einer Arbeitslosigkeit zu überwinden. Zudem bekommt der Kandidat professionelle Hilfe bei der Neupositionierung im Arbeitsmarkt oder als Selbständiger.

An einem Outplacementprozeß sind drei Parteien beteiligt: die betroffene Führungskraft, das bisherige Unternehmen und der Outplacementberater. Das Unternehmen bezahlt zwar den Outplacementberater, dieser jedoch verpflichtet sich, die Interessen des Kandidaten hundertprozentig wahrzunehmen. Bevor eine vertragliche Beziehung zwischen dem Outplacementberater und dem Unternehmen getroffen wird, hat die betroffene Führungskraft die Chance, den Berater kennenzulernen und zu prüfen, ob er dessen fachliches und persönliches Angebot auch annehmen will. Die faire Trennungsberatung wird derzeit hauptsächlich von großen und mittelständischen Unternehmen in Anspruch genommen.

Dabei ist für beide Seiten ganz wichtig, daß eine neue Position gesucht und gefunden wird, solange die betroffene Führungskraft noch angestellt ist. Dadurch wird vermieden, daß die Führungskraft in eine schwächere Position auf dem Arbeitsmarkt gerät. Die Unternehmensleitung erfüllt so ihre Fürsorgepflicht gegenüber dem Mitarbeiter. Das neuartige Instrument der fairen Trennung wird künftig an Gewicht zunehmen, da es für die Führungskraft wichtiger ist eine neue Position, statt einer Abfindung zu bekommen, die zum großen Teil weggesteuert oder steuerlich nicht mehr wie im bisherigen Maße freigestellt wird. Die folgende Abbildung zeigt die Systematik des Outplacement, wobei hier der Berater als Treuhänder fungiert. Das heißt, daß die Kontakte zu den Zielfirmen vom Berater hergestellt werden und der Kandidat seinen Namen nicht gleich allen Firmen offen nennen muß.

Outplacement oder Kündigung nicht provozieren
Innere Kündigung am Arbeitsplatz ist auch bei Ingenieuren kein seltenes Phänomen. In diesem Falle wie auch bei unsicherem Arbeits-

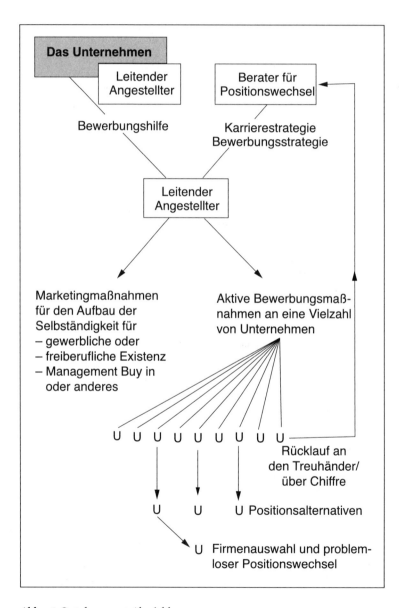

Abb. 26 Outplacement-Abwicklung

platz sollten Sie nicht den Kopf in den Sand stecken, sondern aktiv an den Arbeitsmarkt herantreten. Dabei müssen Sie insofern vorsichtig sein, als Ihre Kollegen wie auch Ihr Vorgesetzter, Arbeitgeber oder Aufsichtsrat nichts von Ihrem Engagement erfahren dürfen.

Eine Falle für veränderungswillige Manager können die neuen Medien sein. So hatte Ingenieur Peters in seinem Unternehmen für sich innerlich gekündigt. Er suchte seit zwei Monaten eine neue Aufgabe. Plötzlich sprach ihn sein Vorgesetzter darauf an, ob er kündigen wolle. Peters war ganz verdutzt. Der Vorgesetzte macht ihn darauf aufmerksam, daß private Telefongespräche oder gar Telefonate zu Wettbewerbern nicht geduldet werden. Peters hatte nochmals Glück und wurde nicht gleich gefeuert. Es war sozusagen die gelbe Karte.

Sein Fehler: Er führte auf der ISDN-Telefonanlage des Unternehmens private Gespräche, die seinem Vorgesetzten beim Lesen der Telefonnummernlisten seines Amtsapparates aufgefallen waren.

Rat: Wenn Sie private Gespräche und Gespräche mit Headhuntern oder Firmen, bei denen Sie sich bewerben, in der Dienstzeit führen müssen, dann tun Sie das bitte über ein öffentliches Telefon oder über das eigene Mobiltelefon! Ansonsten gefährden Sie Ihren Arbeitsplatz. Da Ihre Sekretärin heutzutage auch erkennen kann, wer angerufen hat, ist es zweckmäßig, sich über das private Mobiltelefon anrufen zu lassen, statt über das Firmentelefon.

Die rote Karte
Viele Top-Manager sind schon entlassen worden, weil sie ihre Spesenabrechnung etwas zu ihren Gunsten manipuliert hatten. Denjenigen Führungskräften, die man los werden will, schickt man die Innenrevision ins Büro, um deren Reisekostenabrechnung prüfen zu lassen. Heute wird zudem geprüft, ob sie den Firmencomputer zu privaten Zwecken genutzt und damit Firmengelder veruntreut oder sich gar auf diesem Weg woanders beworben haben.

Digitale Netze und neueste Software machen jede Form der Überwachung möglich. Da manche Online-Dienste ‚richtig Geld‘ kosten, werden Softwarespezialisten immer häufiger zur Sicherung der Unternehmensdaten und zudem zur Überwachung der Mitarbeiter eingesetzt. Datenschutzbeauftrage und Betriebsräte haben wenig Chancen, die Möglichkeiten der Kontrolle des Datenaustausches am Arbeitsplatz zu verhindern. Big Brother is watching you. In den USA beschnüffeln nach Presseberichten viele Unternehmen regelmäßig ihre Mitarbeiter. Genaue Zahlen gibt es nicht, da es eine große Dunkelziffer gibt - jedoch sollte diese Tatsache als solche den erfahrenen Ingenieur aufhorchen lassen.

Jeder Mausklick, jede Webseite, jede gewählte Telefonnummer und jede e-mail hinterläßt Spuren im Computer und kann im nachhinein ausgewertet werden. Dies geschieht offiziell zu abrechnungstechnischen Zwecken und inoffiziell, um Mitarbeiter überwachen zu können. Die Betroffenen bekommen darüber zumeist nichts mit. Sie können wenig dagegen unternehmen. Dem Betriebsrat gegenüber verlautet: Diese Maßnahmen sind nötig, um Viren zu erkennen und ähnliches.

Gehen wir davon aus, daß es im ordentlichen Firmeninteresse liegt, Softwarenutzung sicher und kontrollierbar zu machen. Das ist soweit gut. Ist eine Führungskraft jedoch in Ungnade gefallen, kann es sehr schnell die rote Karte geben, wenn der Kandidat den Firmencomputer zu privaten Zwecken genutzt hat.

Rat: Besorgen Sie sich einen eigenen PC, auf den Sie problemlos auch Firmendaten übertragen können. So können Sie dann zu Hause geschäftliche und private Dinge erledigen. Geben Sie als Führungskraft lieber einen Euro mehr aus der Privatschatulle aus, als einem Outplacementberater empfohlen zu werden.

8.4 Private Arbeitsvermittler

Seit 1994 dürfen im deutschen Arbeitsmarkt private Arbeitvermittler tätig werden. Laut Gesetz ist es nicht gestattet, dem Arbeitsuchenden dabei ein Honorar für die Vermittlungsbemühungen zu berechnen. Der Arbeitsvermittler muß sich an den neuen Arbeitgeber halten,

wenn er etwas verdienen will. Mit dieser Regelung hat der Gesetzge-
ber eine Situation im Arbeitsmarkt geschaffen, die zwar die Spielre-
geln im Arbeitsmarkt erleichtern, im Endeffekt jedoch dem Arbeitsuchenden nicht viel nützt. Würde ein Arbeitsuchender ein Honorar
bezahlen wollen, wäre die Vermittlung rechtlich nicht zulässig.

Die bisher kostenlose Vermittlung, wie dies nun auch die neuen
privaten Arbeitsvermittler für den Arbeitssuchenden umsetzen dürfen, führt die Bundesanstalt für Arbeit schon immer durch – jedoch
im Bereich der Führungskräfte nicht mit besonderem Erfolg. Im
Bereich der Führungskräfte haben die Arbeitsvermittler ebenso
kaum Bedeutung. Auf diverse Berufsgattungen und im Facharbeiter-
bereich spezialisierte private Arbeitsvermittler können Positionen
jedoch zumeist schneller und besser besetzen als die Arbeitsämter.

Über die Arbeitsvermittlung hinaus hat Personalleasing eine stei-
gende Bedeutung. In diesem Zusammenhang entstand ein neues
Berufsbild, der Arbeitsberater, und damit eine neue Existenzgrün-
dungs- möglichkeit. Die Industrie- und Handelskammern und andere Institutionen bieten einen Studiengang für private Arbeitsvermittler an. Diese Ausbildungsmaßnahmen führen zu größerer
Konkurrenz zu den Personalberatern, die sich unter diesem Druck
stärker auf das Feld der Besetzung von Führungspositionen konzentrieren werden, in welches die Arbeitsvermittler kaum eindringen
können.

Arbeitsvermittler kommen für den erfahrenen Ingenieur kaum
als Kooperationspartner in Frage (es sei denn, Sie suchen selbst Mitarbeiter). Eine individuelle, auf die einzelne Führungskraft ausge-
richtete Beratung und Betreuung kann nicht erwartet werden.

8.5   Arbeitsamt für Führungskräfte

Die Bundesanstalt für Arbeit bietet eine Fülle an berufsbezogenen
Informationen und ist darüber hinaus grundsätzlich als Partner für
erfahrene Manager anzusehen. Viele wissen nicht, daß man die Zen-
tralstelle für Arbeitsvermittlung (ZAV) für eine Stellensuche aus

gesicherter Position heraus nutzen kann. Nicht-Arbeitslose melden
sich einfach stellensuchend.

Zudem bietet die ZAV den Service der internationalen Arbeitsvermittlung für Führungskräfte, die im Ausland beruflich tätig sein
möchten.

Weiterhin existiert das Büro Führungskräfte zu Internationalen
Organisationen (BFIO), das ausgewiesene Fachkräfte in internatio-
nale Organisationen vermittelt. Die Bundesrepublik Deutschland ist
Mitglied in mehr als 150 internationalen und supranationalen Orga-
nisationen, u.a. in den Vereinten Nationen und in der Europäischen
Gemeinschaft. Weltweit arbeiten in diesen Organisationen über
2.500 deutsche Führungskräfte. Solche Organisationen sind die
WHO (World Health Organization in Genf), der Weltpostverein in
Bern, die IAEO (International Atomic Energy Agency), die UNIDO
(United Nations Industrial Development Organization) in Wien u.a.,
die allesamt erfahrene Ingenieure einsetzen. Voraussetzung einer
Anstellung ist über Fachkenntnisse hinaus die Mehrsprachigkeit.
Außer Deutsch sollten Sie zwei Fremdsprachen beherrschen.

Über das BFIO werden auch Consultants an UN-Behörden vermittelt. Die UN (Vereinte Nationen) setzt bei der Durchführung ihrer
Aufgaben unabhängige Berater und Gutachter ein. Im allgemeinen
werden hierfür nur hochqualifizierte Spezialisten mit langer Berufserfahrung und internationaler Ausprägung in Betracht gezogen, so
auch Ingenieure bei technischen Projekten. Die den Consultants
erteilten Aufträge (wie technische Überprüfungen) sind in der
Mehrzahl der Fälle von kurzfristiger Art. Sie dauern einige Wochen
bis zu 6 Monate.

Für Ingenieure in Leitungsfunktion oder als Organmitglied ist
zudem das BFW (Büro Führungskräfte der Wirtschaft) interessant.
Das BFW vermittelt Führungskräfte für Positionen des Top-Manage-
ments. Es befaßt sich ausschließlich mit der Beratung und Vermittlung auf Vorstands-, Direktions-, bzw. Geschäftsleitungsebene in
mittleren und großen Unternehmen.

Diese drei Abteilungen der Bundesanstalt für Arbeit leisten
sicherlich gute Arbeit. Wenn es jedoch um eine zügige, professionelle

Neupositionierung geht, ist es wohl besser, dem privatwirtschaft-
lichen Berater der Vorzug zu geben, der stärker am Erfolg seines
Mandanten interessiert ist (Die Adresse von ZAV, BFIO und BFW ist:
Feuerbachstrasse 42 - 46, 60325 Frankfurt, Telefon (069) 7111-0).

8.6 Verbände

Von Fachverbänden über Arbeitgeberverbände und Berufsverbände
bis hin zu Verbraucherverbänden, Logen, Karneval- und Sportverei-
ne finden wir in Deutschland ein breites Spektrum an Vereinigungen, das die Interessenvielfalt unserer pluralistischen Gesellschaft
widerspiegelt. Ziel der Verbände ist vor allem, sich Gehör zu verschaffen und die eigenen Interessen in wirtschaftliche und politische
Entscheidungsprozesse einzubringen.

Allein in Deutschland gibt es fast 20.000 Verbände, davon eine
Fülle an technisch orientierten, wie z.b. die Fachvereinigung Kran-
kenhaustechnik in Baden-Baden, Forschungsvereinigungen wie die
Max-Planck-Institute, Stiftungen wie die Impuls-Stiftung für den
Maschinenbau, technisch-wissenschaftliche Vereine usw.

Verbände können für Sie Kooperationspartner in der Karriere
sein, indem Sie deren Außenwirkung oder Innenwirkung nutzen. So
haben die Verbände das äußere Ziel der Einflußnahme auf bestimmte Entscheider in Politik und Wirtschaft und ein inneres Ziel, nämlich die Förderung der Mitglieder.

Nehmen wir beispielsweise den BDU (Bund Deutscher Unternehmensberater), der eine Vielzahl von Ingenieuren als Mitglieder hat.
In Bonn und Berlin betreibt der BDU seine Lobby zugunsten der
Unternehmensberater. Die Verbandsgeschäftsstelle ist qualifiziert,
jedoch sparsam an Personal ausgestattet. Die Verbandsgeschäftsfüh-
rer können nicht an allen Fachtagungen oder sonstigen Veranstaltungen ihrer Zielgruppe teilnehmen und sind auf Mitglieder angewiesen, die sich im Verbands- und im eigenen Interesse in der
Öffentlichkeit profilieren. Bei gezielter Zusammenarbeit mit den Verbandsgeschäftsführern kann das aktive Verbandsmitglied beste

Chancen bekommen, seine Firmeninteressen, Verbands- und eigenen Interessen zu verknüpfen. Beispielweise über die Teilnahme an
Podiumsdiskussionen, Talk-Shows, Rundfunksendungen, Arbeitskreisen, Messeteilnahme, Vorträge usw.

Der VAF (Verband Angestellter Führungskräfte e. V., Köln, Telefon
0201-879870) unterstützt seine Mitglieder mit einem hervorragenden Service als Berater und Vertreter in Beruf und Karriere, vor
allem in Rechts- und Vergütungsfragen. Seine besondere Stärke liegt
in der Unterstützung von Organmitgliedern (Geschäftsführer, Vor-
standsmitglieder) bei Trennungsproblemen. Organmitglieder haben
keinen gesetzlichen Kündigungsschutz und keine gesetzliche Inter-
essensvertretung, wie den Betriebsrat oder den Sprecherausschuß
für Leitende Angestellte. Über den VAF erhalten sie in Vergütungs-,
Rechts- und anderen berufsbezogenen Fragen kompetente Hilfe.

Der VDI (Verein Deutscher Ingenieure e.V.) mit seinen 130.000
Mitgliedern bietet beste Chancen zur Außenprofilierung, wie auch
bei der internen Förderung seiner Mitglieder. So gibt es eine große
Auswahl an Arbeitskreisen (z.b. für Umwelttechnik), VDI-Fachglie-
derungen, Ausschüsse und Veranstaltungen, über die man Kontakte
zu Kollegen oder zu neuen Unternehmen knüpfen kann.

Intern fördert der VDI seine Mitglieder auf verschiedene Art und
Weise, sei dies über die Fort- und Weiterbildung, Karriereberatung,
kostenlose Stellengesuche in den VDI-Nachrichten (für arbeitslose
Ingenieure), Seminare, Messebeteiligung Hannover, Statistiken über
berufliche und Branchen-Entwicklungen und anderes mehr. Es liegt
an Ihnen selbst, aktiv in einer zu Ihrem Berufsbild passenden
Arbeitsgruppe mitzuwirken, wenn es Ihnen an Kontakten zur beruflichen Förderung fehlt.

Beziehungen zu Verbandsgeschäftsführern können zum Positionswechsel führen, da Verbände bestimmte Posten bei Aufsichts-
oder Beratungsgremien personell zu besetzen haben. Gerade für
erfahrene Ingenieure bietet sich diese Kontaktpflege an.

8.7 Hochschulen

Industrieunternehmen kooperieren häufig mit Forschungsinstituten
an Universitäten oder an Fachhochschulen. Beispielsweise mit dem
Institut für Kunststoffprüfung in Stuttgart. Viele Professoren üben
neben ihrem Lehrauftrag einen zweiten Beruf aus, den des Beraters,
oder sie führen eine eigene Firma. Professoren sind an Praxis-Wis-
sen aus der Industrie interessiert, und so bietet sich für manchen
Ingenieur, dessen Unternehmen sowieso schon Kontakte zu Hoch-
schulen hat, an, bei dem Wissenstranfer dabei zu sein, um Beziehungen aufzubauen. Oder Sie sind in leitender Position tätig und verge-
ben Aufträge an die Institute. Dann kann dies - ganz im Sinne des
Networking – der Start für ein gutes Beziehungsnetz sein.

Der Inhaber des Maschinenbauunternehmens, in dem Dr. Lutz
Franke als technischer Geschäftsführer tätig war, beauftragte einen
renommierten Professor, sein Unternehmen zu durchleuchten und
mitzuwirken, die Produktivität zu steigern. Dr. Franke wurde in die
Reorganisation voll eingebunden. Mit Hilfe des Professors konnte
Dr. Franke seine bislang nicht durchsetzbaren Ideen, kombiniert mit
den Verbesserungsvorschlägen der Berater, nun erfolgreich umsetzen. Der Professor hatte Erfolg im Unternehmen mit seiner
Methodik, Dr. Franke hat zum Erfolg beigetragen mit seinem internen Know-how. Die Produktivität wurde deutlich verbessert.

Über diesen Erfolg hinaus empfahlen sich beide gegenseitig weiter. Dr. Franke hielt Vorträge über die Produktivitätssteigerung in
seinem Unternehmen bei den Seminaren des Professors. Und Dr.
Franke wurde von ihm für Aufsichtsratsposten sowie für Geschäfts-
führerpositionen in Firmen vorgeschlagen, in denen der Professor
ebenfalls schon tätig war.

Weitere Profilierungsmöglichkeiten in Kooperation mit Hoch-
schulen sind die Übernahme eines Lehrauftrags, Koautorenschaft bei
einem gemeinsamen Buch, Vergabe von Diplomarbeiten an eine
Fachhochschule oder Universität und schließlich auch das Recruit-
ing, das Anwerben der besten Studienabsolventen für das Unternehmen, in dem Sie tätig sind.

Durch Zusammenarbeit mit Kooperationspartnern können Sie Ihre berufliche Entwicklung beschleunigen. Analog zum Verhalten in der Bewerbung empfielt sich auch bei der Anbahnung von Kontakten nicht zu warten, bis jemand an Ihre Türe klopft, sondern aktiv vorzugehen. Bei Ihrer aktiven Karrierestrategie wünsche ich Ihnen viel Erfolg!

Literaturverzeichnis

Bücher

Audehm, Dieter/Nikol, Ulrich: Bewerbungstechnik, Leitfaden für Ingenieure, VDI, Düsseldorf 1987.

Bürkle, Hans: Aktive Karrierestrategie – Erfolgsmanagement in eigener Sache. Wiesbaden und Frankfurt, 2. erweiterte und überarbeitete Auflage 1996.

Bürkle, Hans/Brogsitter, Bernd (Hrsg.): Die Kunst, sich zu vermarkten, Stuttgart 1998, 4. Auflage.

Bürkle, Hans /Brogsitter, Bernd (Hrsg.): Bewerbungsratgeber für Ein- und Umsteiger, Frankfurt 1992.

Bürkle, Hans u.a.: Stellensuche und Karrierestrategie – wie Sie Ihre Laufbahn selbst bestimmen, Wiesbaden 1993.

Burton/Wedemeyer: In Transition, Harvard Career Management, New York 1991.

Czwalina/Walker: Karriere ohne Sinn?, Frankfurt 1997.

DGFP (Hrsg.): Von Erfahrung profitieren, Ratgeber für den Auslandseinsatz von Fach- und Führungskräften, Düsseldorf 1990.

Friedrich, Kerstin: EKS-Karrierestrategie, Frankfurt 1994.

Hartpence, Arnold: Du CV à l'embauche, 2. édition, Paris 1997.

Hesse/Schrader: Neue Bewerbungsstrategien für Führungskräfte, Frankfurt 1998.

Hoffmann/Liebs: Der GmbH-Geschäftsführer, München 1995.

Lucht, John: Rites of Passage at $ 100.000,–, Executive Job- Changing, New York 1997.

Mewes, Wolfgang: Das Goldene Buch des Berufserfolges, Frankfurt 1959.

Mewes, Wolfgang: Die Kybernetische Managementlehre (EKS), Lehrgang, Frankfurt 1971–1981.

Mewes, Wolfgang: Die EKS-Strategie, Lehrgang, FAZ, Frankfurt 1991.

Mewes/Friedrich: Engpaß-Konzentrierte Strategie EKS, Lehrgang, Pfungstadt, 1998.

Nebel, Jürgen (Hrsg.): Das Franchise-System, Neuwied 1999.

Ryan, Robin: Winning Resumes, New York 1997.

Schrader/Küntzel: Kündigungsgespräche, Hamburg 1995.

Seiwert/Gay: Das 1 x 1 der Persönlichkeit, Offenbach 1996.

Seiwert, Lothar J.: Wenn Du es eilig hast, gehe langsam, Frankfurt/New York 1998.

Stoebe, Fritz: Outplacement, Frankfurt/New York 1993.

Weeks, Willet: L'art de se vendre, Paris 1986 (Editeurs Chotard).

Weuster/Scheer: Arbeitszeugnisse in Textbausteinen, Stuttgart 1997.

Aufsätze

Babst, Egbert: Homepage im Internet: www.BabstSoft.com/, 10/98.
Biereye, Günter und *Federlin, Gerd:* Die Führungskräfteentwicklung im MAN-Konzern. Sonderdruck aus „MAN Forum" 8/97.

Brasse, Claudia: Veränderungen der betrieblichen Karrierepfade. In: Personal- wirtschaft 12/98, Seite 42–46.

Brogsitter, Bernd: Outplacement durch Outsourcing. In: Strategiebrief der FAZ, Frankfurt 8/93, Seite 1–4.

Bürkle, Hans: Managen von Managern. In: Der Leitende Angestellte DLA 4/1983.

Bürkle, Hans: Stellensuche leicht gemacht - auch im ostdeutschen Markt. In: Bilanz & Buchhaltung 3/92, Seite 109 ff.

Bürkle, Hans: Karriere. In: Handbuch Personalmarketing (Hrsg. H. Strutz), Wiesbaden, 2. Auflage 1994, Seite 638–647.

Bürkle, Hans: Generalist im Abseits, In: Blick durch die Wirtschaft (FAZ), Frankfurt 28.2.1997, Seite 9.

Bürkle, Hans: Welcher Titel bringt Sie weiter? In: Gablers Magazin 1/98, Seite 38–40.

Bürkle, Hans: Internet – neuer Job per Mausklick? In: Strategie Journal 3/98, Seite 16/17.

Bürkle, Hans: Unternehmerisches Talent ist notwendig - Management Buy In als erfolgreicher Weg zur Selbständigkeit. In: FAZ, Frankfurt 21.4.1998, Seite B 8.

Friedrich, Kerstin: Erfolgreicher Neuanfang durch Outplacement. In: Strategiebrief der FAZ, Frankfurt 10/94, Seite 1–7.

Friedrich, Kerstin: Vom Problem zur Marktnische - Existenzgründung Hotel. In: Strategie Brief 8/98, Hrsg. EKS-GmbH Pfungstadt, S. 3–7.

Fuchs, Jürgen: Karriere ohne Hierarchie - wie man im 21. Jahrhundert Karriere macht. In: Depesche 10/1998, Seite 1 f.

Goslar, Helmut: Keine Angst vor Einstellungstests. In: Bürkle/Brogsitter (Hrsg.): Die Kunst, sich zu vermarkten, 4. und überarbeitete Auflage, Stuttgart 1998, Seite 149 ff.

Leciejewski, Klaus: Change Management in unruhiger Zeit. In: Personalwirtschaft 4/98, Seite 76 f.

Lentz, Brigitta: Coaching - mit 50 noch einmal etwas wagen: MBI 205
(Management Buy In), Interview mit Hans Bürkle. In: Capital 11/97,
Seite 150.

Lochmann, Hans-Otto: Der Personalberater als Partner. In:
Bürkle/Brogsitter (Hrsg.): Die Kunst, sich zu vermarkten, 4. und überarbeitete Auflage, Stuttgart 1998, Seite 207 ff.

Mewes, Wolfgang: Karriere eines Bilanzbuchhalters. In: Bürkle,
Hans/Brogsitter, Bernd (Hrsg.): Die Kunst, sich zu vermarkten, Stuttgart,
4. Auflage 1988, Seite 21–27.

Nebel, Jürgen: Franchising – Chancen und Risiken sich als Unternehmer
im Verbund selbständig zu machen. In: Bürkle, Hans/Brogsitter, Bernd
(Hrsg.): Die Kunst, sich zu vermarkten, Stuttgart, 4. Auflage 1988, Seite
69–104.

Stockburger, Manfred: EFS: Der Start aus dem Nichts ist geglückt. In:
Heilbronner Stimme, 15.4.1988.

Stoebe, Fritz: Goldene Regeln des Vorstellungsgesprächs. Unveröffent-
lichtes Manuskript 1981.

VDI Nachrichten, Düsseldorf .

Abbildungsverzeichnis

Musterverzeichnis

Zum Autor

Hans Bürkle, geboren 1946, Studium der Betriebswirtschaft, 1975 Geschäftsführer bei MEWES-SYSTEM (EKS), Frankfurt.

1981 Unternehmensberatung: Strategieentwicklung für Führungskräfte und für Unternehmer. Autor von Fachaufsätzen zum Thema Strategie und mehrerer Bücher zum Thema Karrierestrategie/ Bewerbung.

1987 zudem Aufbau und Betrieb des Seminarhotels ‚Villa Spiegelberg' in Nierstein. Durchführung von Workshops zum Thema EKS-Strategie für Unternehmer.

1989 Berufung in den Vorstand der SCHAERF AG, Worms (Marktführer Büromöbel). Im Rahmen dieser Aufgabe in Personalunion Aufsichtsrat und Geschäftsführer von Produktions- und Handelsbetrieben im In- und Ausland.

1994 Wiederaufnahme der Unternehmensberatung. Ausrichtung auf Führungskräfte der Wirtschaft (Ingenieure, Kaufleute, Naturwissen- schaftler, Organmitglieder). Strategieberatung für die Karriere, Positionswechsel, Existenzgründung, Management Buy In, Nachfolge- regelung, Newplacement/Outplacement. Zudem EKS-Workshops und Strategiekonzepte für mittelständische Unternehmer.

Seit 1996 Lehrbeauftragter an der Universität Stuttgart und an der Martin-Luther-Universität in Halle/Merseburg für Ingenieure.

Dipl.-Kfm. Hans Bürkle
Bürkle Strategie-Beratung
Postfach 1155
D-55283 Nierstein

Fon (06133) 61046
Fax (06133) 5472
Homepage: www.karriereplus.com/
e-mail: buerkle@karriereplus.com

A. Sattler, H.-P. Verspay

Der Ingenieur als GmbH-Geschäftsführer

3. Aufl. 1998. VIII, 113 S. (VDI-Buch) Brosch.
DM 39,90; öS 292,-; sFr 37,-
ISBN 3-540-63988-8

Dieses Buch gibt insbesondere dem Ingenieur als Geschäftsführer einer GmbH wichtige Hinweise zu Themen wie Haftungsfragen, Strafvorschriften, Sorgfaltspflichtverletzungen, die Verantwortung der GmbH Dritten gegenüber. Die zahlreichen Beispiele und Fälle sind sorgfältig ausgewählt und genau auf den Ingenieur als GmbH-Geschäftsführer abgestimmt. Die Autoren sind erfahrene Experten und Berater für Rechts- und Managementfragen.

E. Staudt (Hrsg.)

Strukturwandel und Karriereplanung

Herausforderungen für Ingenieure und Naturwissenschaftler

1998. VIII, 156 S. 47 Abb. (VDI-Buch) Brosch.
DM 69,-; öS 504,-; sFr 63,-
ISBN 3-540-64685-X

Die Situation der Ingenieure und Naturwissenschaftler am Arbeitsmarkt hat sich in den letzten Jahren dramatisch verändert. Ein grundsätzliches Umdenken ist deshalb unumgänglich. Das Buch zeigt die neuen Herausforderungen für diese Berufsgruppen und daraus resultierende Konsequenzen für die Berufs- und Karriereplanung. Es wendet sich an Aus- und Weiterbildungseinrichtungen ebenso wie an die betroffenen Berufsgruppen selbst.

Springer-Verlag · Postfach 14 02 01 · D-14302 Berlin
Tel.: 0 30 / 82 787 - 2 32 · http://www.springer.de
Bücherservice: Fax 0 30 / 82 787 - 3 01
e-mail: orders@springer.de

Preisänderungen (auch bei Irrtümern) vorbehalten
d&p · 65427/2 SF

Computer to plate: Mercedes Druck, Berlin
Verarbeitung: Buchbinderei Lüderitz & Bauer, Berlin